传承中华文明
服务全球华人

CCTV4 成立25周年纪念文集

中央电视台中文国际频道 / 编

人民出版社

传承中华文明
服务全球华人

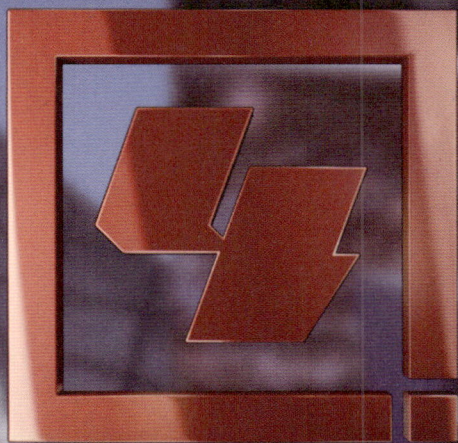

新时代：讲好中国故事 传播好中国声音

魏地春

在 2017 年 10 月召开的中国共产党第十九次全国代表大会上，习近平总书记指出"中国特色社会主义进入了新时代"，这是对中国发展新的历史方位的科学判断，意味着中华民族迎来从站起来、富起来到强起来的伟大飞跃，中国理念、中国道路、中国方案的全球吸引力逐渐增强，中国日益走向世界舞台的中央，世界也越来越需要更多了解中国故事，听到中国声音。这对于诞生之初"对外"基因就融入血液的 CCTV-4 来说，是机遇，更是挑战。

1992 年 10 月，中央电视台创办国际频道（CCTV-4），成为中国电视发展史上影响深远的标志性事件。从 1992 年到 2017 年，25 年来频道见证了中国改革开放的历史变迁和辉煌成就。秉承"传承中华文明 服务全球华人"的宗旨，CCTV-4 一直致力于围绕党和国家工作大局，通过精彩纷呈的电视节目向世界讲述中国故事，传播中国声音，展示中国成就，弘扬中国精神。频道在对外介绍中国，引导国际舆论，传播中华优秀文化方面发挥着举足轻重的作用。

在频道创办 20 年时，曾出版过一本纪念文集《我们一起走过》，以频道员工视角，通过梳理回顾频道 20 年的发展足迹，总结了经验，明晰了下一步的发展思路。25 周年之际，以《传承中华文明　服务全球华人》这本书作为生日贺礼，通过各栏目知名嘉宾和海外观众的视角，描绘出频道的发展图卷。频道从 20 年到 25 年中间的这五年，正好是党的十八大以来，中国进行历史性变革和取得历史性成就的极不平凡的五年。CCTV-4 这支通过声画讲述中国故事的专职队伍，到中国故事的发生现场，去看、去听、去感知，海外观众通过"镜头里"的故事亲切感受着中国发展进程，通过频道延续着与中国跨越时空的情谊。

　　长期以来，CCTV-4 紧扣自身"新闻＋文化"角色定位，紧跟时代步伐，围绕讲好中国故事不断进行探索。《中国新闻》《海峡两岸》《今日关注》《中国舆论场》《国家记忆》《华人世界》《远方的家》《走遍中国》等一批有影响的品牌栏目，将中国的发展成就具化为一个个鲜活的故事，通过一段段节目视频传递给海内外观众；"中央电视台中秋晚会""中华之光——传播中华文化年度人物评选""全球外国人汉语大会""世界听我说——全球华人辩论大会"等颇具特色的品牌活动，有效扩大中华文化的影响力；通过改版创新创优，进一步突出亚、欧、美三版节目的差异化编排，以达到精准化传播的目的；新媒体端与电视端的融合传播初获成效，人气与影响力与日俱增。

　　25 年来，频道团结了一大批忠实观众。很多华人华侨及港澳台同胞把 CCTV-4 视为与祖国密切相连的情感纽带，对 CCTV-4 拥有很深厚的感情，并且这种情结正在新生代华人华侨中传承。2017年 4 月，来自海外 9 个国家的 16 位观众，自发自费策划了一次重回 CCTV-4 的探亲之旅，他们亲切地称这是"回娘家"。还有很多外国观众通过 CCTV-4 开始了解中国并热爱中国，他们中的一些人甚至因为 CCTV-4 而与中国结下了不解之缘，成为帮助频道在海外宣讲和传播中国故事的志愿者。

新思想引领新时代，新目标开启新征程。党的十九大报告提出，要"推进国际传播能力建设，讲好中国故事，展现真实、立体、全面的中国，提高国家文化软实力"。如何在新时代找准自身位置、争取更大作为，是每一个电视外宣工作者需要认真研究的重要课题。CCTV-4 作为中央电视台对外传播的重要阵地，更要深入学习宣传贯彻党的十九大精神，在习近平新时代中国特色社会主义思想指引下阔步前行，坚守频道定位和宗旨，坚定文化自信，通过真实、客观地报道中国，讲述中国故事，提升中国声音和中华文化的全球影响力；坚持合作共赢，通过加强与国际知名华文媒体的协作，相互借力，进一步增强频道中国特色与国际表达；积极探索"互联网＋电视外宣"的新思路、新方法，通过移动化、社交化等融合传播方式吸引更多年轻受众，进一步扩大频道的传播力、影响力。

对人生而言，25 岁要有"为天地立心，为生民立命"的志向与情怀；对 CCTV-4 来说，25 岁要有"百尺竿头，更进一步"的决心与勇气。"不忘初心，牢记使命"，CCTV-4 的初心和使命就是讲好中国故事，传播好中国声音。在新时代的新征程上，频道将秉持初心，砥砺前行，锐意进取，以"积跬步以致千里，汇细涓以成江河"的心态踏实用心做好每一条新闻、每一个节目、每一帧画面，为实现中华民族伟大复兴的中国梦贡献力量。

2017 年 12 月于北京

（魏地春系中央电视台分党组副书记、副台长）

目　录

有大事看四套

讲好中国故事

根在中国

精神家园

坚守频道定位
不断打造全球华人的"精神家园"

李欣雁

从 1992 年到 2017 年，CCTV-4 已走过 25 载。这 25 年，中国改革开放不断全面深化、经济实力持续增长、文化影响逐渐扩大、国际地位不断提升，特别是党的十八大以来，以习近平同志为核心的党中央提出一系列治国理政新理念新思想新战略，带领全国各族人民攻坚克难、砥砺奋进，扎实推进全面深化改革，为实现中华民族伟大复兴的中国梦而努力奋斗，带领中国阔步走进中国特色社会主义新时代。在这一大背景下，CCTV-4 始终以"讲好中国故事、传播好中国声音"为己任，坚持"传承中华文明 服务全球华人"的宗旨和"新闻＋文化"的定位，面向海外华侨华人、港澳台同胞和懂中文的外国观众，讲述中国传统文化的故事，讲述中国改革开放的故事，讲述中国和平发展的故事，讲述中国特色社会主义道路的故事，讲述中国人民奔小康的故事，努力让世界看到一个发展变化的真实中国，看到一个深厚文化底蕴的自信中国。

目前，CCTV-4 拥有亚、欧、美三个频道，24 小时不间断播出，信号通过多颗国际卫星覆盖全球，在海外 105 个国家和地区整频道落地，拥有 6629 万海外用户。在海外，CCTV-4 是最具影响力的华语频道；在国内，发展势头也非常强劲。2016 年，CCTV-4 首次在最具影响力、传播力和广告价值的 52 城市样本中勇夺全国收视份额第一；2017 年前 10 月，CCTV-4 是全国唯一一个三网（全国网、52 城市、35 城市）收视份额全部过 4% 的频道，其中，52 城市和 35 城市均名列全国榜首。国内平均每天有近 2.7 亿观众收看 CCTV-4。

25 年来，CCTV-4 的每一个栏目围绕"新闻 + 文化"的定位深耕细作。《海峡两岸》《今日关注》等时事评论节目汇集了邱毅、杜文龙、李莉等一批固定学者型嘉宾，《国家记忆》《文明之旅》《中国文艺》等文化类栏目与鲍国安、蓝天野、郎朗、汪明荃等知名人士成为朋友。这些来自不同领域和行业的嘉宾，某种程度上也成为 CCTV-4 的一种符号，他们身上共同的特质是工作严谨认真，生活平易近人。对嘉宾的选择也折射出频道的精神气质。

25 年来，CCTV-4 的每一步发展和跨越，一直在围绕着如何更好地打造全球华人的"精神家园"而展开。每一点进步和成绩，背后凝聚的是无数海内外观众始终如一的关注和支持。

25 年来，我们坚持认真听取每一位观众的意见和建议，同时不断开拓创新与观众交流沟通的方式。从通过信件、邮件等方式听取观众反馈到通过 10 多个微信群与海外观众实时沟通；从 1997 年首次把海外观众"请进来"陆续举办了 14 届海外联谊活动，到 2013 年开始"走出去"陆续在五大洲建立 30 个海外观众俱乐部；从频道主动召开海外观众座谈会到海外观众自发策划回频道的"探亲之旅"；从开展大型海外华语观众调查到组织海外观众家庭现场看秋晚和看春晚……一系列举措不仅架起了频道与观众的沟通桥梁，更让频道收获了如亲人般的忠实观众，他们将 CCTV-4 视为寄托情感的精神家园。

20 世纪 90 年代，受制于传播条件的限制，海外能接触到有关中国信息的渠道少之又少，特别是第一代华侨，身边中国文化氛围淡薄，身在异乡为异客，精神上是相当孤寂的。这时，专门以服务华人华侨及港澳台同胞为主的 CCTV-4 应运而生，而且是当时海外观众能收看到的唯一的中文频道，开办了《中国新闻》《中国报道》《中国文艺》《中国投资指南》《中国纪实》等一批以"中国"打头的栏目，其作用无异于雪中送炭，极大地满足了华人观众的精神需求。许多观看频道有 20 多年历史的观众不止一次向我们表达他们第一次看到 CCTV-4 的激动之情。澳大利亚观众王媛洁，十几年来观看记录 CCTV-4 的笔记有厚厚的几十本；莫桑比克观众江永生，20 多年来共录制了 4200 多小时的 CCTV-4 节目。

随着时间推移，华人华侨出现新老更替和代际变化，同时随着中国国际地位的提升，海外华人越来越强调自己的华人身份认同。适应这种变化，CCTV-4 的重心逐步向争取新生代华人华侨观众调整，节目重点展示中国变化、传播中华文化、凝聚文化认同。2016 年开展的海外观众调查显示，近半数观众认为 CCTV-4 是生活必需，特别是年龄越大的观众对这一认知比例越高，中青年观众收看 CCTV-4 更多是为了了解中国。海外观众收看 CCTV-4 的需求，依次是生活必需、信息依赖和情感培育。

25 年来，频道围绕进一步强化定位以及更好地服务全球华人这一理念先后进行了大大小小改版共 14 次，其中影响较大的改版有 6 次。

1998 年改版，对频道整体进行国际化全新包装，节目编排改为按四个时区 6 小时为一个单元，做到在全世界不同地区黄金时段内有针对性地安排节目，开办《中华医药》栏目。

2002 年改版，呼号变为中文国际频道，实现"整点有新闻，次次有更新"的准新闻频道格局，满足全球不同时区观众收看新闻的需求，新闻性节目量占到全频道 51%，创办《走遍中国》栏目。

2006 年改版，正式确立了"传承中华文明　服务全球华人"的宗旨，开设了中央电视台第一个以海外华侨华人为内容主题的栏目《华人世界》，进一步凸显服务华人的理念。

2007 年扩版，正式分成亚、欧、美三个版本播出，改变频道"一个面孔面向全球"的局面。各版节目匹配当地观众收视习惯，让观众在最佳的时间收看最精彩的节目。

2010 年改版，频道定位从以新闻为主的综合频道拓展为"新闻＋文化"的综合频道，推出《远方的家》《流行无限》《文明之旅》《城市 1 对 1》四大新栏目，采取文化类栏目、新闻类栏目的集群式编排，贴近观众需求。

2016 年改版，重点优化编排，调整栏目布局，进一步突出亚、欧、美三版节目的差异化。这一年，开播了融媒体栏目《中国舆论场》，周播栏目《天涯共此时》置换为《国家记忆》。同时，频道包装标识全新改版，强化中华文化元素的国际表达。

近几年，以移动化、社交化为主的新媒体的兴起改变了传播模式和收视行为。海外观众收看 CCTV-4 出现新特征——电视、电脑、平板和手机"四视同堂"。适应这一转变，CCTV-4 主动布局新媒体，特别是在海外。2017 年 5 月与专注于海外市场的移动互联网公司 APUS 签约，通过他们的平台，将频道优质内容配打双语字幕，精准推送至海外用户。遇重大事件，海内外新媒体平台与电视端联动推广、同步直播，弥补了电视端与海外观众的时差感。截至 2017 年 8 月底，CCTV-4 微博矩阵粉丝量突破 660 万，微信矩阵粉丝量突破 560 万，其中频道官方微信公众号粉丝达到 100 万，融媒体栏目《中国舆论场》同名微信公众号粉丝达到 354 万，较开播前增长了 1207 倍。截至 8 月 24 日，累计向 APUS 平台推送内容 32 条，海外推荐量 15.75 亿，海外阅读量超过 1.26 亿。

　　25 年来，嘉宾和海外观众共同见证了 CCTV-4 的发展历程，同频道一起，感受着祖国的脉搏、民族的振兴、文化的传承，给予了频道充分的信赖。千年潮未落，风起再扬帆。未来，我们将继续携手，共同开创全球华人更加美好的精神家园！

（李欣雁系中央电视台中文国际频道总监）

![CCTV logo]

有大事看四套

我是中文国际频道
I am CCTV-4

《中国新闻》是中央电视台最重要、最具影响力的新闻节目品牌之一，也是中央电视台中文国际频道着力打造的全天候名牌新闻栏目、龙头栏目。《中国新闻》栏目宗旨：面向全球华语观众，报道最及时、最权威的新闻资讯，用中国视角解析世界重大事件和热点问题，以融媒体传播让世界感知新时代的中国。《中国新闻》创办于1992年10月1日，与中文国际频道共成长，25年来，栏目已由创办初期的每天一期、每期10分钟发展为现在涵盖全天24小时各个时段的统一的新闻节目品牌。《中国新闻》多次获得中央电视台"年度十大名牌节目"称号。在全国新闻类节目收视率排名中，《中国新闻》均列前位，目前已成为全国中心城市高端受众首选。多年来，《中国新闻》栏目集动态新闻、深度观察、现场直播、专题报道、特别节目等多种形式于一身，通过着力整合资源，创新新闻传播，从内容到形式、规模不断拓展，全方位、多角度同步对外报道重大新闻事件，在重大、突发事件中着力传播中国声音，如今已成为中国影响国际舆论的重要力量、对外新闻传播重要平台、华语电视新闻主力旗舰。

———— 新闻部 ————

从外宣新军到华语旗舰

　　相较于人类历史长河，25 年可谓白驹过隙、匆匆一瞬。但如果用它来丈量一个人的成长，那一定是具有代表性的重要阶段，比如从第一段丈量便可以看到他（她）从呱呱坠地到完成学业走上社会的全过程。如果用它来丈量央视四套新闻系列节目的成长，我们会看到从首个新中国电视中文对外新闻系列节目在滞后于通讯社、电台、报刊数十年后诞生，到突变为中国影响国际舆论的重要力量、对外新闻传播重要平台、华语电视新闻主力旗舰的重要过程。

一、应运而生

　　对外电视节目始于 20 世纪 50 年代末，以向苏联、东欧社会主义国家寄送"出国新闻片"为主。可以说，新闻报道在中央电视台对外传播发展史上始终占据着非常重要的地位。这种状况维持了数十年。当然也有少数例外，如在 1972 年尼克松访华时实现了中国电视有史以来首次对外电视实况转播。70 年代末，电视开始走进国人家庭。十多年后，1992 年 10 月 1 日，第四套节目（中文国际频道前身）开播，《中国中央电视台新闻》（《中国新闻》前身）诞生，成为频道主打节目。这是新中国首个国际卫星电视频道及

1992 年 10 月 1 日《中国新闻》开播

首个对外中文电视新闻节目的诞生，不仅是中央电视台，也是中国电视对外传播史上的一件大事，从根本上打开了电视对外传播的新天地。从此，中央电视台对海外报道有了自己的频道，中国电视开始大踏步走向世界。

《中国新闻》主播

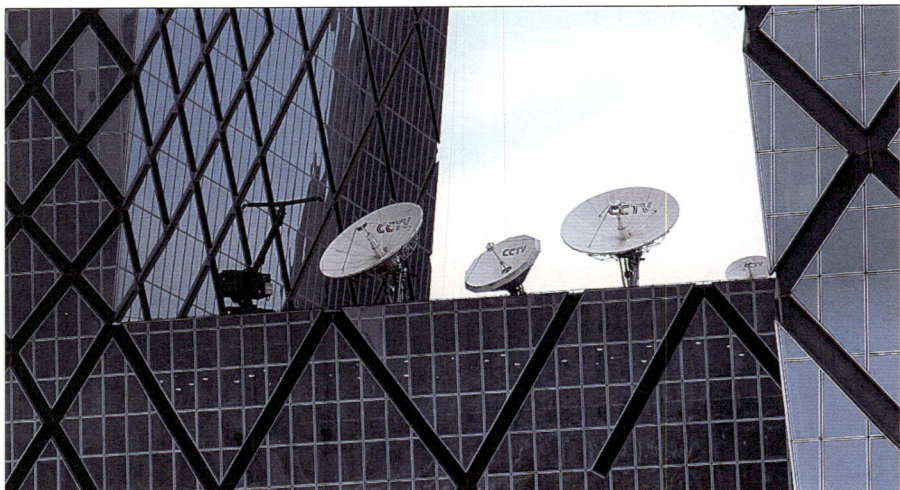

中央电视台大楼外的卫星接收信号设备

　　90 年代初做电视新闻节目条件异常艰苦。那时候，采访跑点基本靠自行车，写稿基本靠纸笔，编片子基本要和别人抢机房设备，录制或直播节目时要手脑并用算时长，"怕冒""怕开天窗"。现在的电视新闻从业者都习惯于现代化的交通、通信、采访、拍摄装备，电脑邮箱、手机微信等一应俱全，可以说是高度机械化、电子化、网络化，与 25 年前比，"恍如隔世"，"白天怎知夜的黑"。

　　第四套新闻从创办初期，就注意学习海外电视新闻节目的长处，走自己的道路。从根本上说，就是观念的变化，由居高临下的说教式变为平等的传播式、服务式。第四套新闻启动"三级跳"节奏，从 10 分钟、15 分钟、20 分钟，到 1994 年 5 月 1 日增加到 30 分钟，《中国中央电视台新闻》改名为《中国新闻》。随后几年间，四套新闻陆续推出午间、早间新闻节目。2000 年 2 月 7 日，《新闻 60 分》推出，这是中央电视台第一个长达 1 小时的新闻栏目，栏目一经推出，便创下国际频道早间收视率新高。2002 年 9

月 2 日，第四套节目再次改版，提出"整点有新闻，次次有更新"，实现 24 小时整点有新闻直播的准新闻频道架构，同时建立了突发新闻快速反应机制，从此新闻直播成为常态。改版后，四套成为全中文对外电视频道。

　　这一阶段，第四套新闻经历了从无到有，从小到大，从弱到强，从被动到主动，从单一手段到多种方式并用的巨大变化，走出一条具有中国特色的对外传播发展道路。其中一个显著标志是逐步实现了涉我重大事件的及时、规模化报道，并在报道中有效地实现新闻性和对外性的结合，初步形成四套新闻鲜明特色，其对外传播"龙头"风采初露端倪。这时期四套新闻的代表作有：北京世妇会、香港澳门回归、长江三峡截流等直播报道，百集新闻专题系列报道《边疆行》《香港百题》《澳门万象》《台湾百问》等。

1999 年澳门回归报道合影

二、崭露锋芒

现在有不少中年以上的四套忠实观众，是被当年四套新闻节目的一桩"超然之举"所打动并成为"粉丝"的。

2003 年对于中文国际频道来说是具有里程碑意义的一年，这很大程度上取决于四套在伊拉克战争中的出色报道。3 月 20 日伊拉克战争打响。四套及时播发战争爆发的消息，报道时效比 CNN 延后不到 1 分钟，成为国内第一时间发布伊拉克战争消息的电视媒体。此后，四套持续不间断追踪最新进展，采用现场直播、卫星连线、同声传译、专家访谈、新闻综述等多种形式连续直播近 40 天。四套的特别报道全方位、多角度、立体式、滚动递进报道战事，始终以第一时效引领舆论，实现了中国电视新闻报道的新突破。据统计，伊拉克战争报道当天，中文国际频道收视率飙升 28 倍。伊拉克战争报道开创了中国电视界有史以来对单一事件强度最大的一次播报。

如今看来，正是对重大新闻事件进行持续、深度、大规模的报道，使央视四套的影响力、竞争力迅速提升。伊拉克战争报道后，中文国际频道

2003 年《关注伊拉克战事》特别报道

2008 年《"神舟七号" 载人航天飞行》特别报道

实行灵活机动的节目编排方式，突出新闻性，设立固定栏目但不为栏目所限制，遇有国内外大事立即打破常规，根据需要随时插播、直播或者延长新闻播出时间，这些都逐渐成为工作常态。这一时期，四套一鼓作气推进重大事件直播报道。伊拉克战争直播报道后，随即又推出"非典"直播报道，之后还有中国首个载人飞船"神舟五号"发射、"印尼海啸""汶川大

2007 年《嫦娥奔月》特别报道

2009 年《汶川地震一周年》特别报道

地震"等。"有大事，看四套"逐渐成为海内外华语观众普遍认同的选择。

　　说到这里，我们要特别提到为创造四套"直播大业"立下汗马功劳的几代新闻人。在25年寒来暑往中，伴随着四套新闻人的成长，他们用自己的镜头，一帧帧地记载下国际局势的激烈嬗变，传播着中国的改革开放和历史性跨越。他们将突发重大事件直播报道成为常态，随之又相继创新推出多个主题式大型移动直播节目。伊拉克战争后几年间四套创新的移动直播节目，有30集大型移动直播报道《直播新疆》《海峡西岸行》《海峡东岸行·直播台湾》等。此后，大型系列移动直播也逐渐成为四套经常采用的具有鲜明对外特色的报道方式。

　　从2003年到2009年，中文国际频道新闻部不断探索对外传播有效途径，以四套数次改版为契机，强化新闻节目品牌竞争力。2003年5月8日，四套通过改版进一步扩大新闻容量，新闻首播时间增加到每天465分钟。在这次改版中，《中国新闻》和《中国报道》两大品牌栏目合二为一，形成30分钟新闻加30分钟访谈的一小时新闻版块，半年之后，访谈版块

CCTV-4特别节目直播报道现场

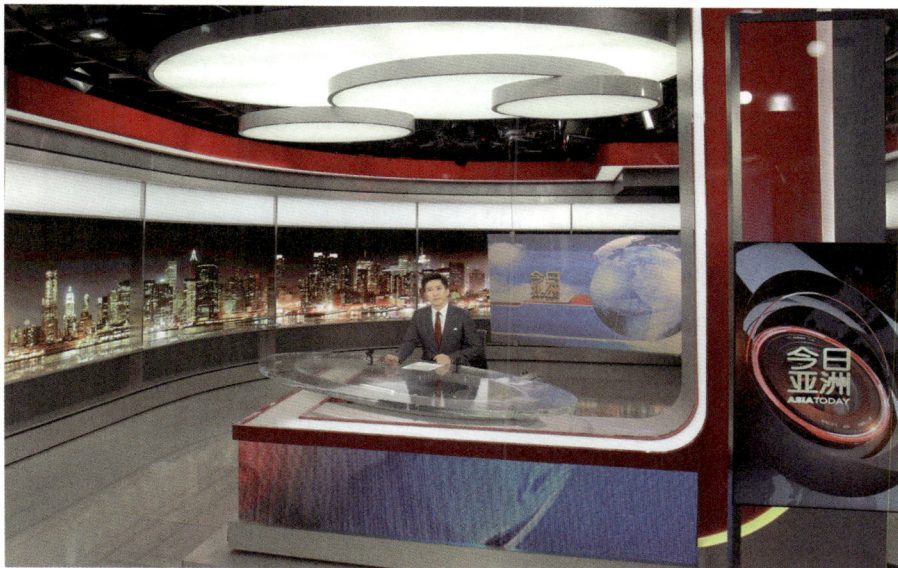

《今日亚洲》

又从《中国新闻》中独立出来，栏目定名为《今日关注》。栏目从录播改为直播，从对国内外重大新闻事件评论转变为以国际重大新闻事件评论为主，网罗国内国际问题最权威专家，实现新闻评论专业化运作，成为国内最具影响力的新闻评论节目。

2008 年 7 月 28 日，《今日亚洲》在中文国际频道开播。其后，中央电视台以开办《今日亚洲》为契机，与亚洲其他一些国家电视台或机构建立起双边合作机制。

三、全面发力

从 2009 年 7 月以来，中文国际频道新闻部面临舆论形势和工作机制

两大变化。舆论形势方面，世界政治经济形势发生深刻变化，美国加快
"重返亚太"步伐，各种热点地域冲突及涉华事件层出不穷，对外新闻、
评论面临全新挑战。工作机制方面，新闻部先后历经进入新闻中心"整合"
及回归四套的两次变动。新闻部坚持新闻性与对外性相结合，从变动中汲
取营养，在变动中求得发展。通过完善内部管理、建立策划机制、重组前
期采访、强化共享协作等措施，让四套新闻、评论、专题节目实现一次次
"软着陆"。近几年来，《中国新闻》《今日关注》《今日亚洲》《深度国际》《中
国舆论场》等四套新闻、评论、专题栏目，通过动态新闻、现场直播、深
度解析等手段，放大与国家利益相关、为全体海内外华人华侨所关注的重
大事件，以国际视角强化延展性报道和评论，使节目受关注度迅速提升，
节目忠实观众群不断壮大。

《深度国际》

    2009 年 8 月 1 日，中文国际频道全面优化新闻节目，建立了以《中国新闻》为龙头的全天候新闻播报体系，以《今日关注》为龙头的评论体系，以《今日亚洲》为龙头的国际新闻报道体系。此外，还增设了独特的深度专栏节目《深度国际》，深入评论分析一周国际新闻的背景和影响。早间《新闻 60 分》改名为《中国新闻》，与其他时段新闻保持一致。《中国新闻》借鉴报纸的经验，在新闻标题上创新推出新闻主副标题、一片多题，强调信息量的密度。这一做法其后在全台乃至国内电视台迅速效法铺开。改版后的中文国际频道新闻节目耳目一新：新闻栏目总体包装进行了革新，形成了具有鲜明中国元素、符合新闻属性和国际化特色的包装风格，更具"国际范"。除原有的评论节目《今日关注》外，新闻栏目中也增加了即时点评，加强了面向国际的中国声音。

CCTV-4 新闻报道团队

《今日关注》

　　随着中国大国外交、元首外交战略的不断推进，重大时政活动报道的受关注度不断提升，海外华人观众通过中文国际频道新闻节目了解习近平主席出访重大活动的愿望与日俱增。新闻部以此为契机，不断改进领导人出访时政报道，利用中文国际频道亚、欧、美三个版本，不同时差的优势条件，让世界各地华语观众都能在第一时间看到中国领导人的重要出访活动、"大国外交"报道。几年来，四套新闻已基本形成时政报道"立体化""全时化"报道新模式。新型报道模式让时政报道更为立体、鲜活、生动，也更为海外华人华侨观众所认可，收视率和影响力持续升高。

　　四套新闻部近年来着力创新对外特色主题报道，目前这已成为四套新闻对外传播的"压舱石"。其一是推出多个自创主题直播特别节目，如《传奇中国节》等。目前，《传奇中国节·春节》《传奇中国节·中秋》分别与央视春晚、秋晚实现无缝连接，形成数小时连续直播规模，这一做法已成

2016 年《聚焦杭州 G20 峰会》特别报道

2015 年《传奇中国节·春节》特别报道

《中国舆论场》

　　为每年例行常态。其二是采制播出重大专题节目，如《达赖集团与自焚暴力事件》等，成为对外传播中国声音和主张的重要节目形式。其三是依托重大事件推出特别节目，如党的十八大、十九大等重大时政活动、上海世博会、"9·3"大阅兵以及多个重大主场外交活动特别报道。

　　2009年，四套新闻部重点打造每天晚间时段《中国新闻》《今日关注》《今日亚洲》的黄金栏目群，及每周五晚上包括《深度国际》在内的周末黄金组合。2016年元旦，中文国际频道以"新闻、文化双轮驱动"为指针，将集群化编排新闻类节目样态推向全天，形成早、中、晚三大新闻版块规模效应。《今日亚洲》在早间重播，《深度国际》主打周六黄金时段，进一步强化新闻评论优势。这一"集群"编排不仅强化了新闻节目的思想性，同时也成功创造了平稳上升的观众收视平台。此后，中文国际频道早间、晚间、午间乃至全天收视全国第一逐渐成为常态。

　　2016年3月20日，由中央电视台副台长魏地春任总策划、中文国际频道总监李欣雁任总监制、新闻部承办的全国首创"融媒体"新闻评论节目《中国舆论场》，以全新的节目形态在中文国际频道亮相全球，成功开播。节目创新融媒体互动节目方式，首创"中舆指数"、3D 虚拟观众席、"中舆观察员"。截至 2017 年 10 月 29 日，节目单期最高互动人数达 110 多万，互动总人次达 9900 多万次。栏目内容在 Facebook 平台总浏览量近 6000 万次，开创了直播态在线融媒体节目的先河，栏目也已成为全国同类型节目的标杆。

2016 年 4 月，由新闻部承担的中文国际频道"全球专家资源库"建设项目启动。项目首期开拓海外智库专家 50 名，分别来自亚、欧、美 15 个国家。新闻部利用智库资源推出系列特别节目《全球智库看中国》，至今分别在杭州 G20 峰会、APEC 峰会、中国航天工程、中国两会、"一带一路"高峰论坛等重要活动期间得到广泛应用。

2016 年《中国舆论场》团队与台领导合影

CCTV-4 新媒体网络直播

2017 年《金砖国家领导人第九次会晤》特别报道

四、牢记使命

纵观中文国际频道新闻系列节目 25 年发展历程，可以说是一部实现中国电视新闻对外传播"四大转变"的历史：一是从偶发的集中报道到常态化的机制转变；二是从国内重大事件报道为主到国内外并重的转变；三是从简单的提供信息到有意识的设置议程转变；四是从"影响"国际舆论向引导国际舆论的方向转变。

坚守与创新给四套新闻节目带来丰厚的回报。多年来，《中国新闻》《今日关注》始终在央视年度栏目综合评价调查中稳居前 30 名，并在近几年来连续多次进入前 10 名。在全国新闻类节目收视率排名中，新闻部《中国新闻》等栏目均列前位。四套新闻节目目前已成为全国中心城市高端受众首选。

国运兴，传媒兴。央视四套新闻节目 25 年发展历程，与中国改革开放和跨越发展历程相契合。25 年来，尤其是最近几年来，中国发生了历

《中国新闻》

《今日关注》

史性变革，取得了历史性成就，中国特色社会主义进入新时代。为了"两个一百年"宏伟目标和实现中华民族伟大复兴的中国梦，作为国家媒体新闻人责无旁贷，四套新闻节目的发展前景更加广阔。当前，西强我弱的舆论格局还没有根本改变，我国对外传播事业整体水平与世界第二大经济体的地位还不相称，传播规模、渠道范围、话语体系的构建还有很大提升空间，但可以确定的是，国际舆论的天平正在向中国一端倾斜，对外传播事业正迎来跨越式发展的难得机遇。新时代下央视四套新闻新的征程已经启航，希望与梦想，就在不远的前方！

海峡
两岸
CCTV.

《海峡两岸》是中央电视台唯一的涉台时事新闻评论栏目，节目宗旨为"跟踪海峡热点，反映两岸民意"。节目分为两大版块：第一个是"热点扫描"，主要报道当日和近期台湾岛内的热点新闻；第二个是"热点透视"，主要是当日或近期涉台热点深度报道及两岸专家对此事的评论，并对两岸各个层面的交流交往进行跟踪报道。2014年《海峡两岸》栏目荣获第24届中国新闻奖"新闻名专栏"称号。

邱　毅 *

这些年我在央视中文国际
频道的日子

　　细说从头，我和 CCTV-4 的渊源还真是挺戏剧性的。从 2005 年下半年起，因为我在台湾持续追打陈水扁集团的贪腐行为，成为 CCTV-4 的新闻焦点人物；但一直到 2012 年初我卸下公职身份，才登上了 CCTV-4 的各档节目，尤其是《海峡两岸》的评论节目，还成为挺受大陆粉丝喜爱的特邀嘉宾。不过以台湾的指标性政治人物之背景，却频繁登上大陆官媒还侃侃而谈，在民粹氛围强、"红帽子"满天飞的台湾，确实是存在很大风险的。

---

　　* 　邱毅，台湾省高雄人，台湾大学经济学博士、康奈尔大学博士后。历任"中华经济研究院"研究员，台湾大学教授，国民党第十八届中央常委、第十九届中央委员等。现任"中国文化大学"国际企业研究所教授、产业合作中心主任，台湾经济研究院董事。

《海峡两岸》成为我人生"意外收获"

　　详细盘整一番，我在五年多里上过 CCTV-4 的节目还真不少，包含《海峡两岸》《天涯共此时》《今日亚洲》《中国舆论场》《中国新闻》等，其中次数最频繁、最具代表性的就是《海峡两岸》。我 30 岁出头刚拿到博士学位时，在台湾也上过如《华视新闻广场》等高质量水平的节目，但后来台湾电视台经营困难，制作成本越来越低，就逐渐流于挑动民粹、"蓝""绿"间相互扒粪、谩骂又骂得不知何以然的哗众取宠节目，所以当

我一上《海峡两岸》栏目时，便有种重温旧梦、如鱼得水的感受，也深深地喜欢上了这个栏目。这个栏目使我回归专业领域与国际视野，而不再只局限于揭弊或政治批判的尖锐角色，这其实算是我在人生际遇中的一项意外收获。

　　我在台湾立法机构担任了十几年的民意代表，熟悉政策运作的决策过程与内情，相对于一般纯学者而言，我是"和猪打过滚""与猪打过架"，也"吃过猪肉"的人，而不是仅"远远地隔着几层看猪走路"的人，因此评论起来能刀刀见骨、入木三分，

邱毅在《海峡两岸》节目中

因此也较受节目制作单位的欢迎。几年下来，在大陆累积出了相当的知名度与大量粉丝群，但也给我带来了两个困扰：一个困扰是为做好评论工作，我必须花更多时间做准备，心理压力很大，也因此对上台湾骂来骂去的政论节目失去了兴趣，这样一来在台湾就得罪了许多朋友，甚至有人批评我上了大陆节目，就看不起台湾节目了；另一困扰是我本来就是"绿营"最痛恨的指标人物，他们因此锁定我在《海峡两岸》的评论内容断章取义、小题大做、肆意抹黑渲染一番，甚至毫不客气地给我戴上"亲中通共"的"红帽子"，这个困扰在2014年"太阳花事件"时还闹出了颇大的风波。

无惧抹黑力挺两岸关系和平发展

不过困扰归困扰，《海峡两岸》节目对我而言，收获是大于损耗的，尤其在节目中我还认识了像房兵、张彬等一些好朋友。后来我还为房兵出版的图书《大国航母》写序，受邀参与张彬主持的广播节目。除此之外，各地高校、研究院、党校也纷纷邀请我到机构里做专题讲座，后来邀请我的单位还扩展到海外，如美国、欧洲、东亚等地，这是我在台湾做了几十年政治评论所不可能获得的殊荣，也算是《海峡两岸》栏目为我带来的另类红利。

除了《海峡两岸》栏目以外，桑晨主持的《天涯共此时》栏目，我也受邀谈了几个主题，如"3·19枪击案""李登辉窃取政权的始末""陈水扁的贪腐之路"等。这几期节目都得到了不错的反响，甚至还有影视界的著名导演因此找上我，提出合作影视剧或纪录片的企划案。我常感叹地表示，我一直蹉跎到与CCTV-4结缘，才使我的真正专业与内涵为世人所知，也才使我摆脱"政治人物"或"揭弊明星"的刻板印象。

冀望两岸越走越亲

时间过得很快，从第一次录制《海峡两岸》节目到现在，已超过五年的时间，最频繁的时期我每周上四次节目，许多粉丝已将我本人和《海峡两岸》做了密不可分的有机连接。《海峡两岸》不仅在大陆与海外有极广大的观众，随着在台湾家中装置"小耳朵"或"机上盒"观看《海峡两岸》

《海峡两岸》节目

2017 年在京台胞中秋茶话会在北京召开

"两岸一家亲——扬台交流合作 30 周年"系列活动在扬州举行

的家庭越来越多,《海峡两岸》在台湾的影响也越来越大,成为推动两岸和平统一、反击"台独"谬论邪说、提升台湾人民国际视野的最佳平台。我衷心希望这一功能能长远持续,成为海峡两岸中国人最好的精神食粮、最能砥砺人心的正能量。

李　红*

把"冷板凳"坐热

　　15年只做一件事，是一个寂寞而缓慢的过程，无论在什么岗位、从事什么工作，点滴感悟皆是人生。在中央电视台中文国际频道这个平台，我和《海峡两岸》就这样相伴着走过了15个年头。从第一次配音到第一次采访，再到第一次出镜，进而常态化的访谈，15年4000多期节目主持，做晚会、走基层、赴台采访、涉台领域大型活动的主持……我和《海峡两岸》相辅相成，共同变化和发展着。

　　*　李红，中央电视台中文国际频道主持人。毕业于吉林大学文学院，曾主持《想挑战吗?》《中华情》《远方的家》等栏目。曾获中文国际频道贡献奖、中央电视台优秀节目主持人、上海世博工作优秀个人等奖项。所主持的《海峡两岸》节目多次获得"中国新闻奖"和"中国彩虹奖"。

入职央视

　　2003 年，我在央视入职。之前在吉林卫视做了一年的早间新闻直播，对电视、新闻采编、直播都已小有经验，可《海峡两岸》是一档涉台时政类的访谈节目，需要主持人具备扎实的对台时政知识和访谈功底，而我却对此知之甚少。一切从零开始，对当时已在地方卫视主持过重大直播和晚会的我来说，是有心理落差的。

　　那时的《海峡两岸》节目形式相对比较原始，主持这样一个严肃的、政治敏感性极强的访谈类节目，对那时的我来说不占任何优势，压力可想而知。曾有位文艺频道的导演语重心长地对我说："以你的外形条件和主持风格应该来主持文艺节目，坐在那'批'阿扁是戴着镣铐在跳舞……"

　　在我看来，主持人这个职业，在年少的时候多少会带点浮躁气，特别是上天还给了你不错的天赋和外在条件。记得当时和我前前后后一起从地方台来央视的主持人不少，董卿、史小诺、任鲁豫等等，都陆陆续续收获了鲜花和掌声，只有我一直

李红在主持节目

李红在主持《海峡两岸》节目

在"文火慢炖"，我觉得自己就像是坐上了"冷板凳"。

扎根栏目

　　但是就算心里再有不甘，只要从事了新闻媒体职业，就必须有快速的学习和适应能力，必须静得下心、耐得住寂寞、吃得了苦。有段时间，每期节目内容只提供给我一个题目及大家讨论的大概框架，所有录像的节目提纲都要我自己独立完成，有的时候要一连准备好几期。从逻辑、遣词、用句、深度，到主题、导向都要考虑周全，常常挑灯夜战到凌晨一两点，第二天还要早起化妆，精神饱满地把节目录制完成，并根据现场的访谈做临场总结。这对主持人来说，是需要耗费很多心力的。

从台湾地区的大小选举、春节包机、"两颗子弹""倒扁""连战破冰之旅"、马英九执政、陈水扁入狱、"两岸三通"，到"开放陆客赴台""国共论坛""习马会"、蔡英文上台……从岛内政经民情到两岸关系，这些年来两岸的大事记，我如数家珍。再到后来节目内容跳出台海，涉及亚太、中美，甚至是军事话题我都可以敏锐而镇定地驾驭，皆得益于长期扎在《海峡两岸》节目里的积累。

李红在主持节目

砥砺前行

　　每年中文国际频道的"春节特别节目"直播，我都作为主持人之一；每年广告经营管理中心的黄金广告时段的招标会，我都会代表频道去做节目推介；中文国际频道的大型签约仪式、合作，都由我来主持；2017年7月在佛罗伦萨举行的"反独促统大会"，又点名邀请我担任开闭幕式主持人；2017年8月江苏淮安的"台商论坛"也早早就和我约定……"两岸和平发展论坛""海峡论坛""两岸媒体前瞻论坛"等等，不知从哪天起，无论是在台内、频道内，还是在社会上的涉台领域，我已经成为一个节目、一个频道和中央电视台的标签。这份业内的影响，让我在一个专业的领域里得到了价值认定，也代表着某种公信力。"冷板凳"就这样不知不觉地坐热了。

李红生活照

　　现在的《海峡两岸》栏目已今非昔比，在全国的新闻节目排行榜上经常名列榜首，连续6年被评为"央视十大品牌栏目"。那么接下来，在不断创新和变革的行业氛围里，我和《海峡两岸》要做什么样的突破，既可以让栏目热度不减又能有所改进，也是我和栏目正在思考的问题。

　　即便工作中我也有过郁闷，也抱怨过，但和我在央视获得的成长相比，一切都值得。我也将会用最初的那份心气，走接下来的路。谨以这份值得，献给开播25周年的中央电视台中文国际频道！祝福频道青春不老，收视长虹！

今日
关注
CCTV.

　　《今日关注》栏目是中央电视台最有影响力的新闻评论节目之一，也是中文国际频道的名牌栏目。《今日关注》聚焦最新的国内外重大新闻事件，深入剖析事件来龙去脉，权威解读新闻背后的逻辑，前瞻国际战略和地区局势的发展趋势。作为中国电视外宣的重要阵地，《今日关注》被誉为新闻评论的旗舰，勇于发声善于发声，表达中国观点，传递中国声音。《今日关注》的嘉宾均来自国家最高智库，中国社会科学院、中国国际问题研究院、中国现代国际关系研究院、军事科学院、国防大学等权威研究机构。《今日关注》从2003年5月13日开播，至今已有14年的历史，收视率、综合评价始终在全台名列前茅，是一档生命力旺盛、不断创新的节目。曾荣获"中国新闻奖名栏目一等奖"，栏目组曾荣获广电总局"五一劳动奖状"。从2011年开始，《今日关注》连续6年进入央视品牌栏目前10名。

李　莉*

与祖国和军队同行

——我与《今日关注》

　　在作为嘉宾出现在中文国际频道《今日关注》节目之前，我一直是它的忠实观众。只要有空，我会很自然地在每天晚上9点半，锁定中文国际频道，锁定《今日关注》栏目。现在回想起来，在我的内心里，它总有一种老朋友一样的亲切感。它不花哨，但内敛矜持、雍容华贵；它不喧哗，却自有内在厚重的分量。

录制过程富有挑战性　每次充满期待

　　我与《今日关注》结缘时间并不早。从2006年下半年开始我参与媒

　　*　李莉，军事学博士，全国"三八红旗手"，全国科普先进工作者，中央电视台、中央人民广播电台特约军事评论员。国防大学第五届名师工程"杰出中青年专家"，2004—2016年连续13年获得国防大学年度"优质大课"奖。先后三次荣立三等功。

体访谈，到 2011 年担任中央电视台特约军事评论员参与央视直播，这里面实际上有着非常大的跨越。而从参与直播到真正参加《今日关注》节目，这中间又有一段很长的路程。我第一次参与节目完全是一个意外。

记得当时是一个暑假就要结束的时候，那天我正在吃晚饭，突然接到栏目组电话说有个嘉宾生病了，问我能不能救个场。虽然能够参加这个节目是我内心期待已久的，但当机会真的来临时还真是有些忐忑不安，因为当时能够留给我准备的时间太短了。在问了栏目组选题方向之后，觉得还算熟悉，一跺脚就去了。

参与《今日关注》的访谈，并不像从屏幕上看起来那么光鲜和轻松，即使现在对我来说也同样如此。因为每一次访谈的选题通常都重大而敏感，所以几乎每次做节目都是一种挑战，都是一次迎考、备考和赶考的过程。每次做节目，感觉自己就像一个高速旋转的陀螺，要先在最短的时间内熟悉所有的情况、思考到所有能够想到的细节；然后就得走进直播间的考场去面对"考试"；在"考试"的现场还要调动全部的

李莉参观土耳其联合军事学院

能量去回答主持人提出的问题。在回家的路上还会在心里给自己的每一次表现打分，如果表现还好，这时才会长吁一口气对自己说："这回又考试及格了！"媒体之于我，已经成为工作、生活和学习的一部分，成为我经常要面对的"专业考试"。

说实话，我特别喜欢《今日关注》现场直播那种刺激挑战的感觉，而且每次节目的录制都让我的内心充满期待。直播节目的特点就是节目的流

李莉参与《今日
关注》节目录制

程并不固定，主持人通常会追问很多随机性问题，所以有很大的发挥余地。另外，因为现场还有别的嘉宾共同参与，所以经常会有不同的意见，节目录制的过程富有不确定性，而我非常喜欢这种感觉，因为我内心对挑战充满着激情。每当一个新的选题放到面前，我都有一种冲动愿意去尝试、去探索、去应对、去挑战自己，每一个新的访谈题目都会激发出我内心的热情，而当问题经过自己的研究、思考最终得到解决的时候，我内心都有一种巨大的满足。为此，我沉浸其中，乐此不疲。

有立场、有气节、有责任、有担当

在中国人民解放军现代化建设进程中，最近几年无疑是具有里程碑意义的年份，中国军力终于迎来了快速发展和成长壮大的黄金时期。这也是无数中国人多年来热切盼望、期待已久的成果。

在某种程度上说，《今日关注》每晚9点半的直播就是祖国和军队建设与发展的缩影，在这期间每一个重大的瞬间我们都一起度过。随着以第一艘国产航母、万吨级大型驱逐舰、"歼-20""运-20""直-20"和"歼-15"为代表的一大批高新技术装备的密集下水、试飞和入役，我们当仁不让地开始强势跻身世界高新技术研发的"第一梯队"，中国军力无疑正在迎来发展的井喷时期，中国人民解放军在迈向机械化、信息化的道路上正在实现历史性突破。而这是无数国防科技人员以难以计量的汗水、泪水甚至是鲜血换来的，我们有权利为之感到骄傲和自豪。

事隔多年，我仍然清楚地记得2012年11月25日那个金色的日子，记得那架黄色涂装的"歼-15"，记得那放下的尾钩、绷直的拦阻索和震耳欲聋的轰鸣，那是一个注定载入中国史册的日子。也正是从这天开始，"航母STYLE"大热网络，那个标志性的起飞姿势被无数次地重复着、演绎着，网上各种版本的起飞STYLE风起云涌，国人对航母的热情再次喷薄而出。

那也是我第一次在《今日关注》的录制现场穿军装，足可见这一天的与众不同。到现在我还记得当时的心情。那天是星期天，从早上开始，那架黄色涂装的"歼-15"就成了真正的明星，试飞员成了国人心目中的英雄。从早上到晚上，我的心情和情绪都一直维持在高点，为自己能够有幸加入到这样一个进程中而自豪。我想，不管世界上某些国家愿意不愿意，高兴不高兴，未来我们军事实力的增长和持续发展显然已经是一个不争的事实。

我们终将会发展成为一支捍卫和平的强大军事力量，它足以维护我们的核心利益和国家战略利益拓展的现实需求，能为阻止霸权主义、有效遏

制战争、维护地区乃至世界的和平与稳定作出重要的贡献。能够成为这一重大历史进程的见证者，我们是多么幸运！

大格局、大视野、大境界、大情怀

梅兰芳老先生用一生的艺术实践告诉我们："艺术品质的高下不仅仅在于技巧，更在于气节。"我理解这其中的"气节"，就是爱国立场和民族责任。在这一点上，《今日关注》做到了。

《今日关注》有一个很好的团队，团结、和谐、专业、高效。制片人和编导大多是娘子军，仅有的几个男士也非常包容体贴，团队氛围深厚、运转有序。虽然做节目经常都非常惊险，但因为和他们合作总是默契而愉

2013 年《今日关注》开播十周年研讨会现场

《今日关注》栏目组合影

快，这也使得做节目的过程变得轻松愉快起来。有时候我在想，这个团队之所以能够有今天的成就，又能够明显区别于其他众多评论类节目，恐怕首先还在于他们那种不以收视率和吸引眼球为唯一目标的责任意识和职业精神。这恐怕也是众多观众喜欢它、支持它、信任它的原因。

　　从我内心来讲，真的非常感谢中文国际频道，感谢《今日关注》栏目组给我提供了一个如此宝贵的机会，使得我们能够和国人一起，共同见证中国军队走向强大的过程中所曾经历的光荣与梦想、坎坷与磨难。这是多么难得的经历！衷心祝愿《今日关注》越办越好！祝福中文国际频道25周岁生日快乐！

鲁　健*

漫步在人生里

一眨眼的工夫，央视中文国际频道已经 25 岁了，而我从研究生毕业，加入这个大家庭已经 17 年了。但是回想当年的梦想到今天变为现实，很多事就在来不及思考间发生了。

央视之门

把一个人拴在唯一一条路线上，那是存在，不是生活。

——蒙田

2000 年，悉尼奥运会，我还在中国传媒大学（原北京广播学院）读

---

* 　鲁健，中央电视台主持人，播音指导，中国传媒大学硕士、博士，著有《电视访谈节目主持艺术》。曾获"中国播音主持金话筒奖""中央电视台十佳主持人""中央电视台名主持人""中国电视节目主持人 30 年风云人物"等。

研究生，央视中文国际频道要找一个男主持人播送奥运节目，海外中心新闻部到北京广播学院播音主持艺术学院挑选了几个男同学，一起到央视试镜。经过之前在央视体育频道一年的历练，那时的我已经在经验和心态方面成熟了不少，节目录得非常自信，状态很积极。我记得当时脸上正有一个黄豆大的痤疮从我鼻子旁边隆起，不择时机地盲目凸现，很是影响形象，我甚至觉得可能因此而失去机会。但是居然被四套选中，这就是冥冥之中的缘分吧。

2000 年悉尼奥运会期间，我天天值早班，在早间的《新闻 60 分》中播送一段奥运新闻。那段时间我播得精气神十足，连我国运动健儿也"感受"到了——他们取得了优异的成绩。从主持"奥运新闻"版块到《新闻 60 分》，我用了一年的时间来磨炼自己理解新闻语境的能力。记得刚考上研究生的时候有过范进中举的感觉，后来得知自己正

鲁健生活照

式分配进入央视四套时，再次找到了那种感觉，趁着自己没疯，派理智到脑袋中狠狠地教训了那种不易驯服的兴奋感。回北京广播学院办手续时，老师主动中止了原来签好的留校协议，我记得当时给我办手续的播音系党总支书记还高兴地说："好事啊，分到央视好啊，放行。"

主播之路

合抱之木，生于毫末；九层之台，起于累土；千里之行，始于足下。

——老子

2002 年是 CCTV-4 开播 10 周年。年初，我结束了中央电视台派往内蒙古赤峰的锻炼回到四套，当时四套还不叫中文国际频道，叫"海外中心新闻部"。恰逢海外中心的节目面临改版，我觉得我赶上了中国电视发展千载难逢的机遇期，我将自己的想法写成三份策划方案：《财经时讯改版意见》《中国新闻午间版策划》《中国新闻周日谈》，将它们交给了领导。幸运的是，海外中心新闻部的领导们非常开明，尽管三份策划案可能不一定成熟，但是方案却被发给相关节目的负责人，让他们参考并讨论，这些

CCTV-4 两会特别报道现场

"G20 鲁健观察"摄制现场

都给我增添了很多自信。

在 2003 年的元旦特别节目中，领导采纳了我的建议，用两个主持人谈话的方式来主持节目。虽然仅仅是主持的方式发生一点变化，但是这一尝试也是很不容易的突破，因为在直播中主持人的语态发生了变化，能否在对话中完成内容的串联，又能把握分寸，还能做到节奏流畅不拖沓，对当时习惯于播报语态的主持人也是不小的挑战。节目播出后，收到很多海外华人的积极反馈，给予了我们信心。海外中心新闻部的环境非常好，同事们相互信任、鼓励，也让我找准了自己的定位：做一名新闻节目主持人，一名能够通过新闻体现自己想法的电视新闻节目主持人。

从那之后，便开启了我作为一名新闻主播之路，从"伊拉克战争特别报道""众志成城抗击非典特别报道"到"众志成城抗震救灾特别报道"；

鲁健工作照

从载人航天工程"神舟五号"一直到"神六""神七",再到"神舟十一号"和"天宫二号"对接;从"香港回归"十周年、十五周年再到二十周年特别报道;从"鲁健两会观察"到"十八大鲁健观察""APEC鲁健观察",再到"G20鲁健观察",这一期期特别报道也伴随着我作为一名主播的成长之路。当然,我的主播之路上离不开中文国际频道领导和同事们的强大支撑力,从权威访谈《今日关注》再到如今的全新融媒体节目《中国舆论场》,这条路上满满的都是身边领导和同事们的温暖助力。这条路,我走得坚定而充实。

人生之幸

> 时间有三种步伐，未来的时间踟蹰接近，现在的时间似矢而飞，过去的
> 时间永远静止。
>
> ——席勒

在中文国际频道的 17 年里，我收获了太多。从家庭而言，我收获了满满的幸福，作为同行的妻子给了我太多对事业的理解和包容，女儿和儿子的先后出生让我拥有了作为一个父亲最大的幸福感和满满的责任感。从事业而言，这些年多次获得"中央电视台十佳主持人"和"金话筒奖"荣誉，有时候我真的觉得自己非常幸运。

但人生毕竟要慢慢沉淀，婚姻和荣誉带给我更多的是一种成熟的积累，大喜之后，就像火山喷发之后，火山灰要慢慢堆积。这样的经历，恰恰能提醒我兴奋感只是暂时的，而幸福感则是要在过程中慢慢体会和释放的。这些经历，是我作为主持人的人生积淀。之后的人生和我的主持中，应该更多的是一份从容，这是成长的必然，因为我还在路上，还漫步在这人生里。

写给频道 25 周岁

> 人生好像一盒火柴，严禁使用是愚蠢的，滥用则是危险的。
>
> ——芥川龙之介

有人说，25 岁是一个黄金的年龄，因为这一年龄正是弱冠之后、而

鲁健生活照

立之前的年龄，这是初生牛犊不怕虎、敢闯敢拼的年龄，这是"如切如磋，如琢如磨"的年龄，这是"路漫漫其修远兮，吾将上下而求索"的年龄，我很羡慕中文国际频道还在这个年龄。我还记得我 25 岁执着地复习考研时，是怎样孜孜以求地从央视的各位老师身上汲取营养，而那时，我纯粹是一个主持的门外汉；我也记得我怎样在一次次稚嫩而拙劣的主持中蹒跚起步，明白"冰冻三尺非一日之寒"的道理。25 岁，是多么美好的年龄，未来还有很长的一段路要走，所以，思考会更加勤奋。虽然"人类一思考，上帝就发笑"，但是无知者无畏，到了该思考的时候，那么，就让上帝发笑吧。

华人
世界
CCTV.

　　《华人世界》是中央电视台唯一一档宣传海外华侨华人的资讯类节目，时长 30 分钟，周一至周五播出。栏目的宗旨是关注华人生活、传递华人声音、展示华人风采、服务全球华人。栏目的核心理念是关注人、讲故事、追大事、追热点。每天报道全球华侨华人的最新动态消息，关注热点新闻背景下的华侨华人，讲述华侨华人在海外奋斗的感人故事，力争打造全球华侨华人的"新闻联播"。

郑　屹*

澳洲中文电视台和《华人世界》的
四宗"最"

　　曾经在电视行业摸爬滚打了 12 年的我，来到澳大利亚后创办了澳洲中文电视台（AUCNTV）。电视台成立之后，我几乎是在第一时间就与中央电视台中文国际频道《华人世界》栏目组建立了紧密联系，这种联系在如今看来颇有"与生俱来"的意味。迄今为止，澳洲中文电视台已经通过《华人世界》播出纪录片、新闻资讯超过 100 部（条），在全球 70 多个国家的 100 多个与《华人世界》合作的华文媒体中名列前茅。在合作过程中，有诸多有意思的故事值得一说……

　　* 　郑屹，澳洲中文电视台（AUCNTV）台长。曾在中央电视台《东方时空·百姓故事》栏目工作 8 年。2014 年辞职到澳大利亚，在悉尼创办澳洲中文电视台。

第一宗"最"——沟通时间最长的一部片子

2014年10月27日，澳洲中文电视台拍摄制作的第一部人物纪录片《潇洒生活 相声之路》在《华人世界》栏目中的"华人故事"版块播出。故事说的是在澳大利亚悉尼有一个华人自发组织的，也是南半球唯一的相声团体"合艺社"，社员们在海外推广相声艺术过程中的酸甜苦辣。社长朱炎龙为片中主角，他出国前是北京市西城区检察院的检察员，来到悉尼后做过各种行当，但无论做哪一行都没有落下对相声的热爱。说到开心处，包袱随即就来；说到对老母亲的思念，又让人潸然泪下。

由于我们是第一次给《华人世界》供片，对于"华人故事"版块的要求不够了解，于是栏目编导唐靓就开始了和我们漫长的越洋沟通过程，从节目样态到拍摄要求、从拍摄人物采访的构图到纪实段落的分布、从当下记录到历史资料各自所占的时长等等都有着详尽的介绍，而我也会把在《东方时空》的工作经验与唐靓分享。如此往复来来回回，加上实际拍摄和后期粗剪，一部11分钟的短片前前后后却耗费了近一个月的时

《潇洒生活 相声之路》节目

间。但最终片子呈现的效果还是可圈可点，令人欣慰的。

第二宗 "最" ——"最长姿势" 的一部片子

2015 年 5 月 27 日，《华人世界》播出了澳大利亚的 "华人故事" ——《悉尼琴痴　陆伟光》。说到 "最长姿势"，主要是在此之前我们所有人几乎都

《悉尼琴痴　陆伟光》节目

是只听说过拉小提琴，从不知道如何 "做" 小提琴。而一个偶然的机会，听说了一位在悉尼的华人制琴师陆伟光的故事，就把选题报给了《华人世界》栏目组。报题通过后我们开始预采，除了人物故事，我们聊得最多的就是怎样做小提琴，跟《华人世界》后期编导的沟通过程，就成了一个制作小提琴的流程介绍过程。片子拍完之后，相信无论是我们还是《华人世界》的编导，都大概了解了怎样从一块木头、几根琴弦、一桶油漆，在能工巧匠的手里，经过几个月的打磨变成一把可以制造美妙声音的小提琴的有趣故事。

第三宗 "最" ——最逗乐的一部片子

2015 年 1 月 9 日，也是中国的春节临近的时候，澳洲中文电视台拍摄的 "华人故事" ——《一路汗水 一路微笑》在《华人世界》播出。《华人世界》的后期编导告诉我，这部片子从她制作后期到主编、制片人审片，所有人都乐不可支。最主要的原因就是主人公杨森林一家都是东北人，尽管在澳大利亚生活工作十几年，但乡音未改，还是很有东北味，说到在国外打拼的故事时，一个故事俨然就是一个小品。

而让很多看过这部片子的观众记忆最为深刻的部分，是一个编导曾提

《一路汗水 一路微笑》节目

醒我们的在节目拍摄过程中放大的细节：杨森林岳母家还保持着东北人用
酱缸做酱的习惯，因为澳大利亚很难买到中国东北那种做酱的大缸，于是
杨森林就在悉尼给岳母买了一个工艺品鱼缸，把它改造成了一个酱缸，本
身一个缸酱的成本可能只有几十澳币，但买这个酱缸却花了 200 多澳币。
看似不经意的小细节，却让这个环节充满了浓郁的思乡情结，令人感动。

第四宗"最"——最辣的一部片子

2016 年，《华人世界》开始推出版块"一味一故事"。这个版块的推

《重庆小面》节目

出很高级，走胃又走心，乡情浓郁。于是我们也开始在澳大利亚寻找一道道中华美食以及美食背后的故事。说到这"最辣的一部片子"，说的是一碗正宗的"重庆小面"。《华人世界》节目走的是平民路线，按照这个标准，我们找到了一个位于悉尼唐人街一座大厦地下一层、只有不到 10 平方米的小铺子。店主是刚毕业的四川人，这个重庆小面馆是他创业的第一个尝试，因为认真执着，他做出的重庆小面纯粹正宗，又辣又好吃，每天都顾客盈门。拍摄过程中，我和后期编导两个人一边沟通拍摄情况，一边隔着太平洋各自咽着口水。一部片子下来，老板请我吃了三碗面，而我也答应编导不论什么时候来悉尼，我都会带她去尝尝这碗让我们咽口水的重庆小面。

因为曾是电视同行的原因，我在节目的内容、结构以及拍摄手段等方面，与《华人世界》栏目组的沟通毫无障碍、轻车熟路。从 2014 年至今的三年多来，通过《华人世界》栏目，通过中文国际频道这个

《华人世界》栏目组策划会

《华人世界》节目主持人李七月（右）、王洲（左）

《华人世界》工作人员合影

平台，我们把更多在澳中国人的故事传播给了世界。同样，在这三年中我们了解了很多，也学到了很多，这个栏目的所有人都在为传播海外华人的故事、信息孜孜以求，这个独特而又踏实的央视海外窗口，已经成为包括我们澳洲中文电视台全体员工在内的 6000 多万海外华人的精神家园。

中央电视台中文国际频道《今日亚洲》栏目定位于"亚太时事高端述评",是全方位报道亚洲时事的新闻栏目。发起成立亚洲主流媒体合作联盟,与亚太20多个国家的30多家媒体建立新闻互换机制,利用独家资源,多维度报道亚太重大新闻事件,向世界表达中国观点。不断优化升级节目版块和内容,一方面,重点打造"新闻眼"头条版块,第一时间报道亚太重大时事热点、邀请专家权威解读,在"大事要事"上不缺位,主动发声;另一方面,打造主打软性新闻的"速览"版块,汇集亚太奇闻异事,博采众长、短小精干、生动有趣。《今日亚洲》栏目目前已一跃成为晚间黄金时段中国最具影响力的品牌栏目之一。

王晓鹏 *

"四海一体"看中文国际频道

　　我与中央电视台中文国际频道结缘是在 2012 年。五年间，我参与了中文国际频道数百场涉海问题的节目录制，并将自己的研究对象——"海疆"带进了电视屏幕，与此同时，中文国际频道也把"海疆"这一概念印在了广大观众的脑海中。

　　五年来，在一封封观众来信中、一条条微博留言中、大学校园里、出租车上……同一个问题一直萦绕在我的耳边："什么是海疆？"为了解答观众的这一问题，我于 2015 年撰写了理论文章《秉持"四海一体"海疆理论》。在文中我提出，"海疆"作为中国特色的海洋概念，在中国海洋强国建设过程中居于重要地位。"海疆"狭义上可理解为"沿海的疆域"，然而从 21 世纪的时代背景及国家战略理论需求出发，"海疆"广义上的内涵则

　　＊　王晓鹏，中国社会科学院海疆问题专家、南海中心研究员、中国社会科学院"新华社特约观察员"、海疆智库平台主持人、人民网特邀专栏作者、中国海洋发展研究会理事、北京郑和研究会理事。

可理解为"四海一体",即"沿海""海域""海路""海外"及"海上命运共同体"。我与中文国际频道合作的过程,也是不断阐释、践行"四海一体"海疆理论的过程。

"沿海"——与海结缘

"沿海"是我国海洋经济发展的主要载体和海洋安全维护的重要依托,是中国海疆的陆域主体部分。截至 2014 年,我国海洋经济贡献率提升至9.4%,表明海洋经济对国民经济发展具有举足轻重的作用。其中海洋生产总值(GOP)的绝大部分是由沿海区域创造的。我是个自出生那一刻便与海结缘的人。我的家乡是山东省的一个沿海城市——潍坊,古称北海郡;读书时的专业领域是中国海疆研究,尤专于南海。因此,我的个人简介往往以"生于北海,学于南海"开端。在中文国际频道的节目中,我也

王晓鹏(左)在《今日亚洲》节目拍摄现场

经常将涉海的文物、史料带进演播室，如南海渔民航海秘籍《更路簿》、南海渔民特色生产工具、抗战期间日本军官血书等，收到了良好的播出效果。

"海域"——纵论海疆

"海域"是我国海洋维权斗争的重要前沿和海洋经济发展的巨大依托，包括渤海以及黄海、东海、南海中我国享有主权、主权权利、管辖权及其他海洋权益的区域。近年来，由于部分东海、南海争端国不断挑动海洋问题，个别域外大国妄图介入中国周边海洋争端，打造"东海—南海争端链"，从战略上围堵中国，导致周边海洋形势波澜不靖。因此，在维护海洋权益的各条战线中，宣传战线居于十分重要的位置。

在中文国际频道的《今日亚洲》《今日关注》《海峡两岸》《中国新闻》《深度国际》等栏目中，我与台前的各位主持人、嘉宾以及栏目组的各位幕后英雄们组成了一个特别能吃苦、特别能创新、特别能战斗的播出团队，大家的关系如同家人一般。2016 年 7 月 12 日，对我来说是个忙碌的日子。那一天，菲律宾前政府强推的"南海仲裁案仲裁庭"出台了所谓的"裁决结果"，一天时间里，我接受采访及参加节目录制 11 场，自下午起便一头扎进央视光华路办公区讨论节目框架，紧张的直播节目录制一场接一场：《中国新闻》《今日亚洲》《中国新闻特别节目》《今日关注》……面对着一位位顾不上吃饭却还担心我饿肚子的制片人和编导，我没有外人的感谢与客套，只是一如往常地逗闷子："饭就不吃啦，只希望你把我顺利交接给下一场的编导。"

《今日亚洲》节目组工作照

"海路"——谈海论道

"海路"是以"21世纪海上丝绸之路"为主要代表的重要海上航路，是拓展中国经济发展战略空间，保持中国经济持续稳定发展的重要战略保障。通过构建这样一条现代海上丝绸之路，可以将中国与沿线各国的沿海港口城市串联起来，实现海上互联互通的深度发展。几年来，我与中文国际频道的几档栏目正是在不断的谈海论道中探索一条"海路"——涉海问题的宣传报道之路。

在这一过程中，同志们求实严谨、负责认真的工作态度令我钦佩和感动。大家看到的呈现在电视屏幕上的一期节目只有二十几分钟，但是前期选题的策划、资料的准备、文案的撰写需要经历一个复杂细致的过程。作

《今日亚洲》节目组工作照

为嘉宾，我也多次参与到上述工作中。在《今日亚洲》栏目召集的全频道讲座中，我详细讲述了《南海各方行为宣言》与"南海行为准则"的"两字之差"……

"海外"——声震寰宇

　　"海外"是指我国与各个海洋国家之间的双边及多边海洋合作。海洋的连通性和流动性使得涉海事务往往具有地区性乃至全球性。中国应与其他海洋国家一起，和平开发和利用海洋，才能共创全球海洋事业的美好未来。

近年来，我在对外学术访问和应约会见外国驻华使馆官员过程中，发现外国学界和民众在海疆问题上对中方立场的质疑少了，观点和态度也发生了不小的变化。究其原因，中文国际频道的舆论宣传工作发挥了重要的作用，许多外国朋友对我的观点的了解都是通过中文国际频道的各档栏

《今日亚洲》节目

目。中文国际频道的节目通过主流媒体及新媒体推送，更符合当代受众的收看及阅读习惯，因此这些节目在国外获得了不错的收视率和点击量。

目前，越来越多收看中文国际频道节目的外国人了解了中国致力于维护海洋和平与稳定的贡献，理解了中国致力于通过和平谈判解决海疆问题的立场。因此，中文国际频道做到了在讲出中国好故事的同时用更好的方式来讲中国故事。

"海上命运共同体"——共生共赢

2015年3月28日，国家主席习近平出席博鳌亚洲论坛2015年年会开幕式并发表了题为《迈向命运共同体　开创亚洲新未来》的主旨演讲，阐释了"命运共同体"的主张。"海上命运共同体"是"命运共同体"理念在海洋领域的具体体现，是中国建设"海洋强国"、构建"和谐海疆"的重要思想保障和理论支撑。

在涉海问题的宣传报道中，中文国际频道充分发扬中国"唯精唯一，共生共赢"的传统海疆精神，不断探索"海上命运共同体"的构建之道，成为海疆人——海疆生产者、海疆建设者、海疆管理者、海疆体验者和海内外观众汲取思想及智慧的源泉。

　　《深度国际》是中央电视台中文国际频道一档关注国际热点事件的专题栏目，于 2009 年 8 月 7 日开播，每周六 20：00 播出，时长 30 分钟。开播 8 年来，《深度国际》栏目通过对国际新闻进行编辑、整合、梳理，凭借精致的视听语言和精当的权威专家点评，形象地对重大国际新闻事件、对未来世界格局有影响的事件、涉及中国或与中国关联的国际事件，做有背景介绍、有分析解释、有归纳预测的报道，以此表达中国立场、中国声音。《深度国际》栏目秉持专业、严肃、权威的风格特色，在业内外赢得广泛赞誉，拥有一大批忠实观众。

殷　罡 *

深度对话　透视世界

——参与《深度国际》制作感想

　　我同央视中文国际频道是有缘分的。1998 年首次接受电视采访，面对的就是 CCTV-4 的镜头。当时中东战乱不断，重大新闻频发，中东研究学者作为出镜嘉宾的机会自然比其他领域的学者多一些。《深度国际》栏目创办 8 年来，很费心思地录制了 400 多期出色的节目，我不知不觉竟参加了其中的 50 多次。深感荣幸的同时，也愿意对这个栏目创办的初衷、题目设定、采访风格和后期编辑水平说一说自己的体会。

一小时录制只出镜几分钟并不冤枉

　　《深度国际》采用录制节目的方式，观众看到嘉宾的出镜时间不长，

　　* 殷罡，中国社会科学院西亚非洲所研究员，中国中东学会常务理事。在中央电视台等中央媒体做过数百次嘉宾访谈，发表过数百篇政论和时评文章，出版《阿以冲突：问题与出路》等专著多部。

往往只有几次，加起来不过几分钟。
但其实，在节目录制过程中，嘉宾
接受栏目编导盘问的时间很少低于
一小时，至少对我是这样。如果对
问题的历史背景不是很了解，不坚
持跟踪局势并做认真独立的思考，
你很难应付那样的盘问。

　　作为受访嘉宾，最不愿意打交
道的就是那些不知 ABC 且根本没有
兴趣了解问题的"提问机器"。一般
性的新闻采访可以，特别是只有一
位摄像人员登门的时候，你只能听
他一字一句朗诵编导人员发到他手
机里的问题，然后根据自己的编排
做一番回答。

　　但《深度国际》不是这样，他
们一来就是四个人，一个主问，两
个帮腔，有时候连老资格的摄像都
会提出问题，没有他们问不到的犄
角旮旯。恰巧我很喜欢人家刨根问
底，也正是这样的刨根问底，才能
把问题讲清讲透，让编导理解与事
态发展有关的各种因素，一边采访
一边修正节目提纲，发现新亮点，
最终达到满足预期甚至超出预期的

《深度国际》节目截图

殷罡在《深度国际》节目中

《深度国际》节目截图

效果。一边琢磨、一边刨根问底，也说明编导真正进入角色了。

　　至于只有几分钟出镜，嘉宾们很少有怨言，因为他们剪辑出来的往往是你说得最有分量的话。况且在这个栏目里嘉宾只是配角，主要篇幅还是背景介绍以及编导与嘉宾共同形成的比较一致的分析判断，加上精心剪辑的画面和主持人良好的气氛把控，整个节目做得与众不同、观众爱看。

前瞻性分析预判是亮点

　　由于后期制作需要花费大量时间，《深度国际》播出的节目一般都是一周前录制的，这样就存在着一个风险，即节目播出的时候，事态已经有了新的发展。为了使节目不显得滞后，不让已经看过相关新闻报道和直播

《深度国际》栏目组合影

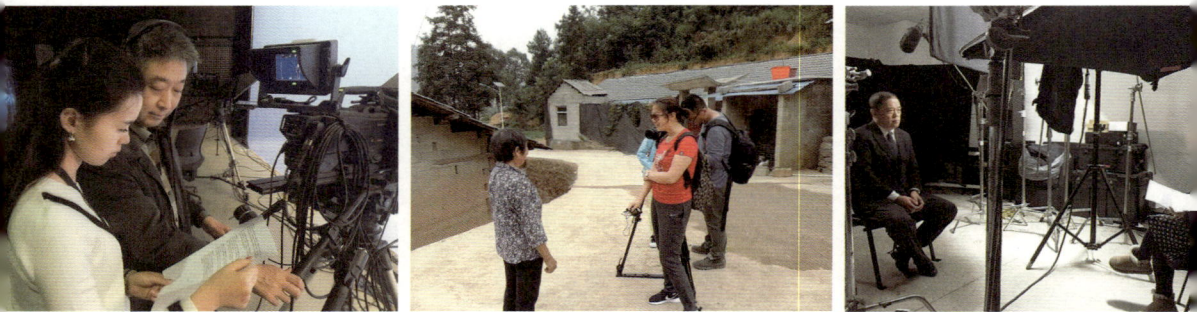

节目的观众感到失望，无论是节目编导还是受访嘉宾都要多费一番心思。费心思不是选用大而化之的套话和空话来分析局势的三种可能走向，而是在尽可能充分了解事态发展动向和相关背景的基础上，依照特定事件发展的特定规律作出有根据、有把握的单一预判。这种预判有时候显得太大胆、太不留余地，但经过大家共同努力，落空或预判失误的情况基本没有出现过。

想要做到这一点其实并不容易。首先要求嘉宾心中有数，有底气说硬话，同时也要依靠栏目编导根据事态的发展及时调整节目内容，费尽心思编排更合适的内容。个中难处，非亲历者难以感受。

坦诚协作才能保证节目质量

与直播节目不同的是，你面对的不是化了妆的主持人，而是一群不会出镜的幕后编辑；不是镜头前有表演色彩的一问一答，而是很放松的有实质内容的对话。面对比较敏感、比较复杂的问题，这种对话往往分为可以播出、不可以播出和不必播出的段落，不必播出的仅供编导们参考，便于他们理解问题。《深度国际》的编导记者们都是虚心好学的年轻人，节目

《深度国际》栏目组工作照

性质要求他们在工作时必须用心，尽快进入角色，尽可能发据受访嘉宾的知识和见解，并引导嘉宾用可以播出的话语表现出来，否则后期制作就会一筹莫展。显然，这个栏目的制片人对栏目组成员的要求也是很严格、很到位的，在选题制定上尤见业务功底和责任感，不是"什么吸人眼球说什么"，而是"该说什么说什么"。盘点我参加过的节目，过去几年中东发生的所有应该解说的事件，都入了《深度国际》的选题，几无遗漏。

节目组和嘉宾之间坦诚协作、互相帮衬，为的是让《深度国际》栏目，让中文国际频道名副其实：有深度、无偏见、有前瞻、不忽悠、不敷衍，做到让观众满意，让同行服气。

望保持既往，争取新创，做得更好。

　　《中国舆论场》是国内首档周播融媒体新闻时事评论节目，2016年3月20日开播。每周日晚19：30—20：30在CCTV-4播出，通过同名微信公众号与观众实时互动。节目秉承"最新舆情，最热话题，明辨是非，凝聚共识"宗旨，用大数据分析全媒体平台舆论热点，以融媒体模式带动全民参与话题讨论，真正实现"大屏进小屏，小屏回大屏，多屏连受众"。节目还独创了《中国舆论场》指数，每日在同名微信公众号发布舆情榜单。开播一年多，获得2016年CCTV优秀节目年度大奖等重磅奖项。

中国
舆论场
CCTV.

杜文龙 *

《中国舆论场》：从"看"电视到"做"电视

　　从 2003 年参与伊拉克战争的直播开始，14 年来，我有幸在央视中文国际频道参与了《今日关注》《中国新闻》《今日亚洲》《深度国际》《海峡两岸》《中国舆论场》六档节目的录制。在央视所有频道中，节目参与数量最多、时间最长，除了外出公干，晚上时间几乎全部贡献给了中文国际频道。感谢中文国际频道提供的高密度、高强度"强迫"学习机会，让我对电视媒体表达方式的理解逐渐加深，知识的深度和广度也有了几何级数的扩展。

　　我参与的 CCTV-4 节目中，大型融媒体新闻评论节目《中国舆论场》给我留下的印象最深，话题切口也最大。一年多来，我大多数周日晚上都会以"编导上班"的形式参与《中国舆论场》的直播。几十场直播下来，

　　* 　杜文龙，军事科学院研究员，中央电视台、中央人民广播电台、上海电视台、湖北电视台特约评论员，军委科技委兼职委员，主要研究方向是武器装备和作战理论。2017 年被评为"全国最受媒体欢迎科学家"。

我真正理解了"最新舆情，最热话题，明辨是非，凝聚共识"这句开场白的含义，也对栏目组顺应时代变化、引领节目创新发展的勇气和胆识充满敬佩。果然，好评、关注、大奖等意料中的荣誉与赞赏接踵而至，在让观众"换种方式看电视"的华丽转身中，《中国舆论场》好像有了"登顶：为了俯视"的豪迈。

颠覆的互动方式

自从电视出现后，"看"电视已经成了铁律，而《中国舆论场》引入的观众参与，把已经根深蒂固的"看"电视模式彻底颠覆，观众可以在直播前和直播中用微信、微博的互动方式参与到节目中来，第一次实现了栏目组、观众和嘉宾三者的实时互动。观众关心的问题可以直接推送给栏目的终端，还可以自己指定嘉宾回答，几十年来被动看电视的观众，居然可

《中国舆论场》栏目中独特的融媒体元素

《中国舆论场》栏目中独特的融媒体元素

以参与电视节目制作，甚至可以定制自己的问题和喜欢的嘉宾。不少热情的观众已经不满足上传文字，自拍的问题视频比例越来越大，一个自拍杆，居然又解决了上电视难题。

　　《中国舆论场》颠覆了电视使用方式，从"看电视"到"做电视"，从"做电视"到"上电视"，一气呵成，观众获得前所未有的畅快淋漓和新媒体时代完美的满足，难怪一条消息点击量动辄就达到 100 万＋。我在节目中的待遇也水涨船高，面前的电脑不是摆设性质的道具，屏幕上网友的问题一直在滚动、关注我的人数一直在变化，表扬我的、质疑我的一应俱全，平生第一次以"透明状态"坐在直播间，感觉与观众、网友真的是零距离。而每当下了直播，接到亲朋好友点赞的短信、微信，还有种莫名的小激动，特别是当点赞数高居榜首时，总有种冲上山头、插上红旗的自豪感，和年龄不相称的冲动也会被唤起。我不禁感叹融媒体的力量如此强大，甚至能够调动人的肾上腺素！

全维的表现形式

为了互动交流效果，编导们的工作量成倍增加，不仅要有简洁明快的小片，还要有动画设计，飞机、军舰、潜艇、导弹、卫星等全谱武器装备一应俱全，相互之间的关系还要符合战术原则，对这些"军盲"和"准军盲"而言，难度无异于哥德巴赫猜想。但结果出人意料，不仅初期就像模像样，后期居然开始专业精准。"人最强大的能力是学习能力"，虽然忘了是谁说的，但说得真对，用在《中国舆论场》的编导们身上更对，这个学习型的团队价值无限。

而《中国舆论场》另一个过人之处是"中舆观察员"的设立，航天员、舰长、枪炮长、飞行员、边防战士、海外工程建设者等的融入，成了节目独一无二的特殊元素，对强化节目的表现力功不可没。

杜文龙在进行《中国舆论场》
节目录制的准备工作

杜文龙（右）在《中国舆论场》节目现场

　　从 20 多年前上电视，就一直坐在直播间，但《中国舆论场》要求每期的每个嘉宾都要站在大屏前，结合动画，与主持人共同解读新闻事件、武器装备。嘉宾的评论习惯要调整，以前只管说，现在不仅要说，还要走到台上、找准位置，调整并加入肢体语言，才能完成评论。《中国舆论场》的嘉宾站了起来，尽管初期有诸多不适应，但随着经验与次数的增多，胆子越来越大、表情越来越自然、配合越来越熟练。或许，这才是真正的"融媒体江湖"。

　　《中国舆论场》节目表现形式直观、透彻，主持、画面、嘉宾三者构图和谐，声画配合精妙，十分抓人眼球，大数据收视调查显示同时段常常"一骑绝尘"，大概与此关系密切。"让精彩变成习惯"，祝《中国舆论场》好运！

叶海林 *

《中国舆论场》：明辨是非　凝聚共识

2016 年 3 月 20 日，中央电视台首档融媒体新闻评论节目《中国舆论场》正式开播。从那个周日算起，《中国舆论场》已经连续播出了 60 多期，而我也陪伴着《中国舆论场》的观众朋友们走过了一年多的时间。电视评论并不是我的本职工作，然而自 2007 年成为中央电视台特约评论员以来，十年间我参与的节目大大小小也有几十档之多了。但参与《中国舆论场》仍然是我这十年电视生活中相当独特的一段经验。

观众参与　实现深度互动

《中国舆论场》节目中安排了多轮观众互动，要播放大量资料片，这

　　* 叶海林，中国社会科学院亚太与全球战略研究院南亚研究中心主任，《南亚研究》编辑部主任，中国南亚学会秘书长，云南财经大学印度洋研究中心国际战略研究所所长。中央电视台、中央人民广播电台特约评论员。

就要求评论员对节奏的把控能力必须非常强。当然，大容量、快节奏本来就是《中国舆论场》的鲜明特点。作为融媒体栏目的《中国舆论场》，尽管没有现场观众，然而参与者借助各种现代信息传递手段，能够实时而准确地感受到观众对节目的参与。面前的笔记本电脑上不断跳出来自观众的各种问题，参与者还是能够明显体会到随着访谈话题的深入观众被激发起的兴趣与思考。

《中国舆论场》节目现场

热议舆情　把握焦点话题

　　在我看来,《中国舆论场》最鲜明的特点还在于对焦点话题的敏锐把握。国际军事战略话题在中国电视节目乃至大众媒体上的长久不衰,的确与中国所面临的周边和国际安全环境日渐复杂有关。在所有的世界大国当中,中国的安全环境很可能是最复杂的。不仅如此,随着中国"一带一路"倡议不断取得成果,中国的利益关切范围也在不断向国境外扩展。中国政

叶海林在《中国舆论场》现场

府和老百姓所关心的安全和战略
问题越来越广泛，这一点在《中
国舆论场》的话题选择中得到了
明显的体现。

一年来，我们关注过南海和
东海问题，讨论过朝鲜半岛和平
问题，介绍过周边大国的地区安
全问题，曾为叙利亚问题讨论得
热火朝天，也曾为极端组织在全
球范围内日渐猖獗而忧心忡忡。
《司马法》有云，"国虽大，好战

《中国舆论场》工作合照

必亡；天下虽安，忘战必危"，《中国舆论场》关注的话题，是因为这些话
题恰能在当下引起中国公众的广泛关注，这些话题对专业知识背景具有特
别需求，迫切需要得到精准分析与权威解读。

观点制胜　不一样的解读

对评论员来说，参与这样的栏目本身也极具挑战性。国际军事安全话
题通过电视媒介呈现，具有两个特点，同时也是两个难点。第一是国际军
事安全话题具有很强的技术性，对事实准确度的要求往往高于其他新闻话
题。第二则是国际军事安全话题关注度高，所呈现的观点往往已经在互联
网上进行过充分的酝酿与交锋，传统电视媒体上所能呈现的观点很难既不
标新立异、故弄玄虚，又能让观众感到过瘾。说到什么程度、能说到什么
程度，经常是我坐在《中国舆论场》高大的椅子上反复思量的问题。

一年多的时间，前后参加了几十期节目，很多话题上自己说过了什么

已经想不起来，但每个我要去参加《中国舆论场》的周日的晚上，耳边总回想着主持人的那句开场："最新舆情，最热话题，明辨是非，凝聚共识。"我愿意坐在那把大椅子上，和观众朋友们一直就最新舆情和最热话题，辨明是是非非，为凝聚中国舆论的共识而努力。

讲好中国故事

我是中文国际频道
I am CCTV-4

　　2016 年中央电视台中文国际频道推出重点创新节目《国家记忆》，该节目是日播历史纪录类节目，周一至周五 20：00 在 CCTV-4 首播，每集时长 30 分钟。节目以"为国家留史，为民族留记，为人物立传"为宗旨，主要展现党史、国史、军史中的重大历史事件、各领域重大工程建设、各阶层各时代代表性人物，记录讲述党的奋斗史、创业史、中国特色社会主义探索史、改革开放进程史等。节目内容主题化、系列化，通过大历史、小细节展现新中国成立前后各领域成就建设，揭秘历史内幕、追寻历史真相，引领正确的国家观、历史观、价值观，展现家国情怀、中国道路、中国精神、时代潮流、民族命运、大国梦想的沿革，为国家为社会凝心聚力。

鲍国安[*]

漂洋过海，花开万里

　　我有幸做过央视中文国际频道《国家记忆》的主讲人。

　　说起我与央视的合作，还要追溯到 1991 年应邀参加电视连续剧《三国演义》的拍摄。自那以后 20 多年的时间里，我又参与过央视大部分频道各种栏目、不同形式的节目不计其数。我可能因此拥有一些粉丝，但我自己同样也是央视某些栏目和主持人的粉丝。

与中文国际频道"结缘"

　　1994 年 5 月份左右，连续拍摄了三年多的电视连续剧《三国演义》

---

　　[*]　鲍国安，国家一级演员，中央戏剧学院教授。曾参与著名导演谢晋、陈凯歌、王扶林等执导的影视剧。在电影《鸦片战争》中扮演林则徐、《赵氏孤儿》中扮演赵盾，电视剧《三国演义》中扮演曹操等。

终告结束。我和同是教师的老伴趁着暑假去香港探望她的父母和兄弟姐妹。香港的亲朋好友们知道我在央视拍戏，就不约而同地对我说：

"你们央视有个叫徐俐的女主持人很棒噢……

"徐俐好靓噢……

"央视中文国际频道的节目信息量很大，很好看！

……"

听着他们的这些议论，我只是茫然地点头附和。因为我当时根本不知道徐俐是何许人也，对央视中文国际频道也一无所知。

在拍摄《三国演义》三年多的时间里，我是"两耳不闻天下事，一心只拍'三国'戏"，电视机很少打开。而算起来央视中文国际频道恰是在那个时间段开播的，因此说我是孤陋寡闻了。

在香港探亲的一个多月，当时家里能看到的电视节目，唯一能听得懂的、说普通话的，恰恰就只有央视的中文国际频道，我也由此才见识了徐俐为何许人也。

当年徐俐那自然、淳朴、热情的播音风格也一下子吸引了我。而且后来我出国访问，也听到不少华人议论：

"一个徐俐让我们感受到了祖国电视新闻播音员的风采，让我们海外华人觉得脸上有光……

"有了中文国际频道，及时看到祖国变化如此之大，真是大长海外华人的志气！

……"

话说回来，再巧不过的是，1994年我从香港被召回参加央视在无锡"三国城"的一个晚会。万没料到的是，晚会的主持人竟恰恰是徐俐，这真是上天的安排。

轮到我登上舞台，我悄声地对她说了一句："我刚从香港回来，香港

鲍国安在主讲《国家记忆》节目

的观众很喜欢你。"她轻声地回了一句："谢谢!"

就这样，打那以后，中文国际频道的《中国新闻》《海峡两岸》就成了我和老伴的每晚必看。出国旅游每到一个国家，住进酒店的第一件事便是打开电视，搜寻央视中文国际频道。搜到了央视中文国际频道，就仿佛感到我们虽然漂洋过海，却还是和祖国在一起，仍能知晓国内日新月异的变化。

后来发现不仅我们是如此，很多海外华人和中国游客也是如此。他们白天用餐时间满大街觅食"舌尖上的中国"，一饱口福；晚上则是打开电视搜寻中文国际频道，寻求精神食粮，从而一解乡愁，获得心灵上的慰藉。

"巧"，往往就是"缘"

时隔22年之后，还是在香港，又是我陪老伴探亲；而且恰恰是在我70岁生日的那一天，突然接到中文国际频道导演的电话，他们告诉我将要开播一档新栏目——《国家记忆》，邀我做节目主讲人，并向我大致介绍了该节目的创意、主旨和具体内容。我听后欣然应允，这真是上天安排的一次天作之合。真没想到，我这个中文国际频道的老粉丝，也要粉墨登场了。

我在香港的亲朋好友们得知后也都认为这是一件很有意义的事。因为他们对央视最多的了解也是来自中文国际频道，因而都对中文国际频道有一种特别的亲切感。最有趣的是他们都迫不及待地要阅读导演传来的文稿，先睹为快，并主动要求帮我打印文稿，这样好似也就参与了这件有意义的事儿，乐在其中。

我很快从香港返回北京，先后录制了数期《国家记忆》的节目，频道和栏目的负责同志还到录制现场看望了我，令我感动。而让我最有感受的是《国家记忆》创作团队的"可爱"。

为什么要用"可爱"这两个字？因为他们大多是年轻人，既富有朝气，又富有创造精神；既工作严谨，待人接物又亲切有礼。有的年轻人直呼我和老伴为"爷爷奶奶"，让我们感觉那么温暖，工作起来也就不知疲倦。

一个节目，引出一群老友

更出乎意料的是节目一播出，散居在世界各地的亲朋好友和老同学的

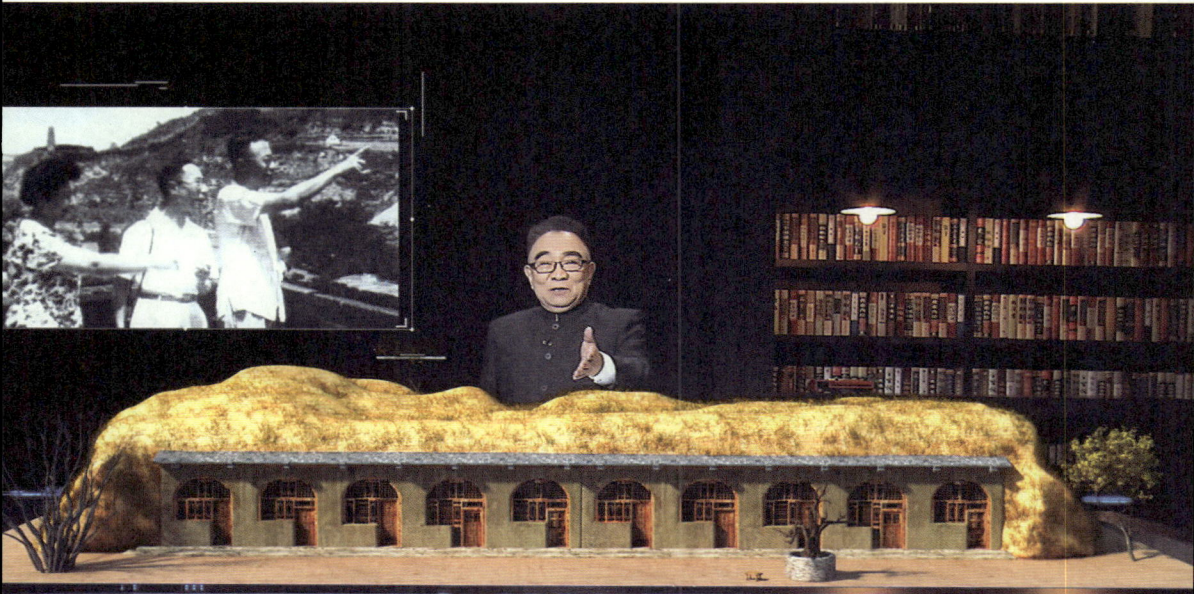

鲍国安在主讲《国家记忆》节目

反馈竟是那么迅速。他们纷纷发来微信或者打电话，甚至多年失去联系的老朋友也想方设法寻找我的联系方式，打来越洋电话。他们迫不及待地发表对《国家记忆》的观后感，对这档节目表示由衷的赞赏。我上央视那么多频道的节目，却从未有像《国家记忆》这样，收到海外那么多朋友如此迅速的反应。

　　他们认为：

　　"由中文国际频道做这档节目有神圣、庄重和权威之感，尤其是当前

《国家记忆》节目工作照

《国家记忆》节目工作照

网络发达，有关历史的解读五花八门，而且流传甚广，很需要权威部门发出权威的史料以正视听，还原历史本来面目……

"看了《国家记忆》部分播出节目，感到历史资料珍贵、丰富，史料脉络清晰、逻辑性强、情节真实感人，人物分析细致、富有人情味，使政治、军事题材更富有活力、感染力和说服力，同时也看到了我们党一切从人民利益出发，尊重历史、尊重社会的胸怀和对历史、对社会、对人民负责的崇高责任感……

"从国家发展史、民族英烈史看到了国家前进的伟大脚步，看到了国家脊梁所铸造的国魂！……

"《国家记忆》从讲历史入手，采用边述边议的形式很有深度……

"以历史记录为依据，请当事人和有关联的人参与是这个栏目的特点，它增加了节目的真实性和人情味，增强了说服力，希望越办越好……

……"

说实话，这些反响是我始料未及的，客观的反映让我更加感到做了一件很有意义的事情。我非常感谢中文国际频道和《国家记忆》栏目对我的信任。

做主讲人，我是认真的

对这档节目的主讲工作，我是很认真的。因为主讲人的身份是一个全新的角色，没有轻车熟路，也不可能一蹴而就。不能用老经验、老办法，而是要去重新创造，况且每一期节目的内容是不一样的。不同的历史氛围、不同的时代背景、不同的规定情境、不同的人物关系，需要主讲人因不同的感受而不显山不露水地变化自己的主讲风格。我以为这档节目的主讲人应介于新闻播讲和故事演讲之间，把握好分寸的拿捏，能将淡定和感同身受进行有机融合等等，这些都还是有些难度的。

衷心祝愿《国家记忆》栏目越办越好！

《国家记忆》节目录制现场

记住
乡愁

《记住乡愁》是由中共中央宣传部、住房和城乡建设部、国家新闻出版广电总局、国家文物局联合发起，中央电视台组织拍摄的大型纪录片。节目以中国传统古村、古镇为载体，以生活化的故事为依托，以乡愁为情感基础，实现弘扬中华优秀传统文化的节目宗旨。

过去五年来，《记住乡愁》成为中华优秀传统文化创新性传播的一大亮点，被纳入"砥砺奋进的五年"大型成就展，成为"用时代精神激活优秀传统文化生命力"的重点成果。《记住乡愁》目前已播出以中国传统村落为主体的第一季、第二季120集，以中国古镇为主体的第三季60集，展现了中华优秀传统文化"活在当下"的时代力量和中国人绿水青山中的美丽家园。栏目组挖掘、拍摄的30多个村落和古镇被纳入"中国传统村落""中国历史文化名镇"保护名录，极大地推动了古村、古镇的保护工作。2017年，《记住乡愁》被列入"中华优秀传统文化传承发展工程"重点项目，被誉为"弘扬中华优秀传统文化最接地气的精品力作"。

郭文斌[*]

打捞"乡愁"的团队

　　能够以文字统筹的身份，加盟大型纪录片《记住乡愁》工程，我觉得无比幸运。幸运的是自己能够通过阅读这些台本，感受到我所热爱的中华民族传统文化的温度、美丽、优雅和强大生命力，让我更加感恩古圣先贤，对中华民族优秀传统文化更加自信，也更加感受到作为一个文化人，身上责任之重。

　　许多台本，我都是流着热泪读完的。透过泪水，我仿佛看到，中华民族的万姓先祖站在岁月的根部，正在向我致意，我甚至能够感觉到，祖先从远方伸过来的手掌，轻按在我的肩头给我力量。我的心里，对这一伟大工程的决策者、支持者、完成者充满了敬意，也对电视人有了新的理解和尊重。

　　＊　郭文斌，宁夏作协主席、《黄河文学》主编。著有畅销书《寻找安详》《农历》等十余部，荣获"第八届茅盾文学奖"提名奖、"人民文学奖""鲁迅文学奖"等。中文国际频道《记住乡愁》文字统筹。

在我看来，这三季 180 集节目，是电视人用三年心血编纂的新《四库全书》，筑就的新文化长城，开凿的新文化运河，修建的新文化航母，书写的新精神史诗，是中华文化的一次超常集成和空前博览，是中华民族精气神的跨时空汇聚，也是中华民族文脉的抢救性修复。

《记住乡愁》节目

电视人的责任和担当

40 多个摄制组长达三年的艰辛打捞，180 集《记住乡愁》的采编过程，让我强烈地感受到电视人身上的责任和担当，以及这个团队严密的纪律性和高效的执行力。

《记住乡愁》节目

《记住乡愁》每一集都是一部家庭史、家族史或者古村史、古镇史，要从大海一样的素材中披沙拣金，可以想象其工作量的巨大。180集节目，就是中华民族的180部全息分位历史，质量要保证在国家弘扬传统文化"一号工程"的水准线上。常听他们讲，做一集《记住乡愁》，工作量相当于常规节目的10倍。但大家都干得自觉自愿，每个人都追求完美。

三年来，我见证了这个拍摄制作团队是如何超负荷工作，无论酷暑，还是严寒，神州大地上，都闪动着他们

《记住乡愁》栏目组工作照

　　寻根的身影；无论边关，还是哨所，都洒下了他们探源的汗水。多少个假期，他们在剧组度过；多少个生日，他们在异乡举杯。想孩子了，看看视频；想老人了，打打电话。没有看到谁在敷衍，没有听到谁在抱怨，整个剧组时常处在一种攻坚状态。用制片人王海涛先生的话说，这是一次电视人的自愿长征，也是一次电视人的文化自觉。

　　在我的印象中，从样片进入磨稿子、后期剪辑阶段时，团队就要进驻五棵松"影视之家"，开始半军事化的办公流程。在这期间，任何时间去找制片人王海涛，他都在，要么伏案改稿，要么看片，要么给编导分析节目，被他修改得密密麻麻的稿件常常成为编导们观摩学习的教材。在他的概念里，没有星期天，没有节假日。

　　《记住乡愁》的分管领导、审片人是总监助理王峰，她在审片时会让人觉得是一手拿着放大镜，一手拿着显微镜。我常常对地方台的导演说，把她的审片意见录下来，按此修改，就能成为精品。事实上，她对每部片子的分析，都是一堂精彩的创作课。我常常感叹，一些经常在外地拍摄的编导，不能现场倾听，真是可惜了。

　　主编周密的工作量非常巨大，每到改稿的攻坚期，常常被进度逼得崩溃，她会大哭一场，然后洗了脸接着干。有一次去审片，我们都穿着厚厚

的棉衣，但她仍然穿着单衣，问为什么，她说，住进"影视之家"时天还暖和，住进去之后就再没有时间回家，平时连屋子都很少出，吃饭往往是要一个盒饭送上楼。快到年关了，妈妈要到北京，但是她不敢让老人家来，因为不能回家陪伴她……

看片时，看着她一杯接一杯喝咖啡，王峰总说，"咖啡不能再喝了啊，只能两杯，否则心脏受不了"，但她哪里顾得上这些。不但周密如是，我注意到，在剧组驻地，大多编导的桌子上，都有成盒的咖啡堆着，就像是物资弹药，让人觉得《记住乡愁》战役的胜利，就是靠它们取得的。

信得过　靠得住　打得赢

《记住乡愁》每一集节目都有严密的流程，从调研、报题、策划到前期拍摄、成稿、剪辑，层层相扣，每个环节都要交流、探讨、把关，这无疑大大增加了工作的强度。三年中，我和《记住乡愁》团队的很多人关系也算到了至交的份上，但是我很少听到他们在一起说私事、说闲事，言也

《记住乡愁》栏目组工作照

事业、行也事业、举也事业、止也事业。在他们身上，我看到的是事业的神圣感、崇高感，是一种必须带着感恩和敬畏来对待的事业感。三年来，乡愁团队能够迅速成长，正是得益于这种事业感。

许多编导审片时眼睛都是充血的，一看就是熬了一夜。一次，我们预审一位老编导的片子，当大家十分委婉地谈完意见，那位编导的一番发言让我非常感动。他丝毫没有顾忌自己资格老，而是非常谦虚地说："你们不要怕老同志受不了，怎么改、如何改，尽管说，我的能力就这样了，但是态度绝对真诚。"

除了老编导，我还要夸夸第三季才进剧组的年轻人，从他们身上，我看到了"乡愁"事业后继有人。他们一个个都是那么谦虚好学，勤勉上进。在剧组预审片子时，空间太小，没有位置放凳子，他们就站在地上看、听、记。有时房间站不下了，就站在楼道里。但凡交代的事情，真是雷厉风行。我曾经和一位老编导探讨过这个问题，他说，这些年轻人之所以与众不同、好学上进，主要还是因为团队整体气氛好，有一种无形的推动力。

随着《记住乡愁》被国家和全社会的高度认可，《记住乡愁》团队的形象也从节目背后显现出来，不但得到观众的好评，还得到各级组织的表彰奖励。时任中宣部常务副部长黄坤明先生说，《记住乡愁》团队是一个信得过、靠得住、打得赢的团队。2017年，《记住乡愁》项目组被国家新闻出版广电总局授予"五一劳动奖状"荣誉称号。

尘封了百年的传统文化实体，以纪录片的形式重回岁月和大地。这无疑是民族之福，社稷之福。文化虚无主义者，如果认真看完这些节目，一定会走出虚无；丧失民族自信心的人，如果认真看了这些节目，一定会重新找回民族自信；道德悲观主义者，如果认真看了这些节目，一定会重新找回乐观；迷茫无助的人，如果认真看完这些节目，一定会重新找回方向。愿天佑《记住乡愁》团队！

　　《国宝档案》是一档中央电视台原创的，集权威性、故事性、观赏性为一体的日播文化栏目。栏目以强烈的纪实感和现场感带给观众第一手资料，带领观众走近国宝，探寻国宝的秘密，着重挖掘文物背后的历史故事，通过故事化的叙事方式充分展示文物凝聚的人文精神、艺术价值、文化价值，带观众感受这些传世瑰宝背后凝聚着的民族智慧和悠远历史，诠释巍巍中华灿烂文明，充分体现中华文化的凝聚力、向心力。2014 年《国宝档案》栏目荣获"中国广播影视大奖广播电视节目奖"（第 23 届"星光奖"）和"2012—2013 年度优秀国产纪录片及创作人才扶持项目优秀栏目"。

国宝
档案
CCTV.

丁　孟*

国宝档案现文明之光

中央电视台中文国际频道开播已经 25 年了，25 年，四分之一个世纪，不长亦不短；25 年，中国电视事业发展迅猛，频道栏目的更新、创作理念的翻新、制作手法的创新，见证了中国电视从平凡走向辉煌。由于有幸受邀担任中文国际频道《国宝档案》栏目的嘉宾，栏目的同志时常就具体选题与内容和我一起探讨、切磋，也使我对中文国际频道和《国宝档案》更加在意和关注。

说国宝文物　却要深入浅出

我以为，《国宝档案》播放的节目是一个"抬人"的节目，通过电视

---

*　丁孟，故宫博物院研究员、器物部副主任，中国社会科学院、中国艺术研究院研究生导师。曾策展故宫博物院"青铜器馆""石鼓馆"，日本东京国立博物馆"国宝观澜展"等。

丁孟在《国宝档案》节目中

节目，使观众浅尝历史、考古、文物等相关知识，了解中国乃至世界文明发展进程，在不经意间长了见识，学了知识。在与《国宝档案》栏目组一起选题、定稿、审片的过程中，他们渴望弘扬中华文明，让世界了解中国、贴近海内外广大观众，真诚为他们服务的制作理念让我十分钦佩，作

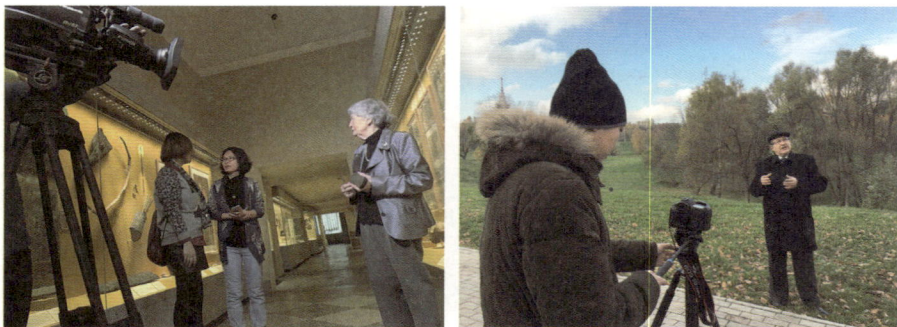

摄制组在拍摄中俄媒体交流年节目俄罗斯现场

为参与者，也和中文国际频道的同仁们一样，感受到了某种责任和义务。同时非常享受并愿意重新回望自己与熟悉的《国宝档案》栏目。

2004年年初，在故宫南三所的办公室里，我接待了CCTV-4一支制作团队的负责人，由于之前院里委托我接受过他们的采访，所以彼此间并不生疏。来人说明来意，意欲筹划一档介绍中外文物精品的高端、大气、上档次的电视新栏目，但是苦于长期以来形成的一种认知，即文物、历史、考古等方面的学问过于专业，与普通观众距离较远，新栏目必须绞尽脑汁想用怎样的方式讲文物、讲历史、讲考古，拉近节目与观众的距离，拉近观众与文物、历史、考古的距离，做到深入浅出，让观众不仅能看明白、听明白，而且还能给人留下深刻印象，获得丰富知识！

这样的讨论自然不会很快结束，所以在去往河南的火车上，讨论继续。这一次我随制作团队前去拍摄新栏目的样片，用当时对新栏目萌芽出的仅有的点滴想法重点拍摄1923年河南新郑李家楼村发现的郑公大墓遗址和出土的青铜器。

样片的拍摄很顺利，当地文物部门和河南博物馆都给予了很大支持，河南博物馆的镇馆之宝——"莲鹤方壶"也在此次被获准拍摄，文博界对新栏目的期许可见一斑。

2004年10月4日中央电视台中文国际频道的新栏目《国宝档案》正式上线，万分荣幸，播出的第一集正是我做嘉宾的《龙耳虎足方壶》。《国宝档案》不是呆板如教科书般地讲述国宝文物的历史价值，而是强调挖掘国宝背后鲜为人知的生动故事，突出讲述围绕国宝所发生的曲折动人的传承经历，把人们不太了解的历史故事、考古知识融入其中。这种独特的讲述方式，深深地吸引着观众，使得《国宝档案》这个新栏目在短时间内饱受赞誉。2006年当我带着北京故宫博物院收藏的另一件"莲鹤方壶"到河南博物院展出时，展厅里循环播放的正是《国宝档案》栏目组制作的片

《国宝档案》栏目工作照

子。仅仅两年，《国宝档案》的品牌效应就已经凸显。

《国宝档案》的成功，还在于介绍的国宝本身的风格独到，东周刻石"石鼓"貌不惊人，是古老的花岗石，但因为石鼓上刻有文字，记录了丰富的历史文化信息而名扬古今，被誉为中华第一古物。石鼓文年代久远，对于一般观众来说自是艰涩难懂，但《国宝档案》很好地解决了深入与浅出的问题。2005年"石鼓"分为五集播出，这是《国宝档案》栏目单一文物播出集数最多的，也彰显出"石鼓"作为文物的重要地位。节目制作完全从一个普通观众视角出发，依着观众的兴趣、理解方式和欣赏水平，浅近通俗地娓娓道来，夹叙夹议，图文并茂，或突出国宝的背景故事，或就国宝的相关问题边问边答，在轻松和不经意间，已将文物知识、价值理念、传承意义等深深印刻在观众心里。

《国宝档案》是每天现身的日播节目，虽然节目不长，每期只有十多分钟，但日积月累，时至今日，涉及的国宝文物已有几千件。其中既有国家级博物馆及全国重点文物保护单位收藏的国家级文物，也有深藏于民间，被国人精心呵护的珍玩宝典；既有因历史原因东渡海峡存于宝岛台湾的，也有历尽磨难流失海外漂泊异国他乡的。观众通过《国宝档案》，不仅看到了一件件旷世珍宝，了解了它们的样貌和价值，更看到了国宝传承过程中的世事沧桑和人生百态。这其中的每一件国宝文物既是文明的载体也是历史的见证，它们所具有的历史价值、艺术价值和科学价值，都散发着永不枯竭的文明之光。

更深的意义是，《国宝档案》如数家珍般介绍祖国的优秀文化遗产，中华文明数千年传承的精品精髓，所以具有当然的魅力，能振奋民族精神，激发爱国情怀。

讲考古历史　　却用现代科技

《国宝档案》的另一个特色，就是现代科学技术表现手法在电视中的应用，节目使用了大量的二维和三维特技，突出国宝的视觉效果，使国宝文物看起来更加赏心悦目。这种高质量的精细制作在一个十多分钟的日播栏目里出现，充分体现了《国宝档案》制作团队所具有的职业态度，正是由于制作者对自己所从事的工作的热爱，以及对细节和标准的深究，让他们在各自的岗位上作出了出色的成绩，并获得了与成就同等重要的快乐。

《国宝档案》的制作者们把文化历史内涵深厚、专业知识极强的选题

《国宝档案》特别节目主持人与专家交流

《国宝档案》节目在进行后期制作

内容，做成了一个能让广大观众看得懂又喜欢看的节目，这不能不说是《国宝档案》创意的成功。但是，这个成功又是建立在国宝文物的永恒价值之上的。这是一座中华民族赖以生存并长生久视的永续根基，是子孙万代享用不尽的财富宝藏。站在这样一个先人为我们铸造的圣殿之上，触摸着每一个给我们带来精神慰藉和心灵震撼的国宝——这就是《国宝档案》带给我们的体验。

在前文中，我更多提到的是我经历过的《国宝档案》和与之相关的故事，《国宝档案》像一本书、像一幅画，也像是一个宝藏，值得细细把玩和品味。《国宝档案》是中央电视台中文国际频道的一个缩影，电视人的奋斗经历、他们对电视事业的热忱和挚爱，影响和感染着中外电视观众。接下来的日子会有更多国宝"做客"《国宝档案》栏目，带我们聆听他们的故事。万分期待着下一个美妙的遇见！

任志宏*

记忆，再一次纪录

　　我是在中央电视台中文国际频道开播 5 年时——也就是 1997 年加盟的。当时它尚处幼年而我尚处青年；如今它步入青年而我也进入中年。谁说岁月无情？不，在我看来，岁月是有情有义的，虽然岁月在流逝，可逝去并不意味着死亡，相反它用记忆焕发勃勃生机，记忆可以叫人心跳，有心跳就有温度！

从责编到打杂再到主持人

　　刚进入《中国文艺》栏目组，那时还是每周 50 分钟的周播节目，自制内容少，几乎全部荟萃全台文艺精华，其中串场主持是轶男，我的任务

---

　　*　任志宏，演播艺术家，中央电视台中文国际频道《国宝档案》栏目主持人，播音指导。曾获首届全国广播朗诵大赛一等奖、第二届全国广播电视节目主持人"金话筒"十佳、全国"最具人文气质解说奖""中国收藏界十大人物"称号等。

《国宝档案》节目访谈现场

是责编。当时的工作首先是查阅节目目录，筛选出不同花色品种的文艺节目单，获批后到磁带库借节目带；其次负责撰写每期主持人串联词。在地方台摸爬滚打多年，也曾发表诗歌、散文、小说等文学作品无数，拥有一定的撰稿、节目审美判断能力，所以写主持人串词对我来讲信手拈来。

随着时光推移，节目中的自制含量逐步加大，在保证责编岗位工作的同时，还常有这样的事发生，有的编导需要外出拍片采访却没有摄像，这时我便自告奋勇扛着笨重的 BETACAM 摄像机跟随导演出发。根据编导意图，在我的摄像机取景器中呈现中央戏剧学院课堂、中央芭蕾舞团以及京剧、话剧、电影等各路艺术家们演出、排练、感言的场景。作为摄像，能让编导满意，能在前期拍完后到剪辑台编辑合成，到领导审片通过，再到播出，得益于地方台的实践磨砺，才能在关键时刻派上用场！尽管组里同事们常以惊讶的目光打量着我，但是我认为能者多劳是做人最起码的本分。

后来节目改版，我便从幕后走到前台做主持人，虽说术有专攻，但是我觉得做一名杂家，是做好主持播音这个专业不可或缺的重要前提。虽然做责编、打杂的事离我渐行渐远，但那段经历却成为一段拿钱也买不来的美好记忆。

之后我便从《中国文艺》走到《千秋史话》，再由《千秋史话》来到《到西部去》，从主持到解说一路走来，终于获得海内外观众的点评——"任志宏的声音和形象有中国文学之美感"。

我与《国宝档案》

2001—2003年，频道全面改版，我又从幕前走到幕后，在我台新创的科教频道，为其纪录片栏目《探索发现》担任解说、《子午书简》栏目担任朗读者。直到2004年初夏，《国宝档案》栏目开始酝酿筹备，当时对台部的郭清华主任找到我征求意见，她认为我的气质和声音特别适合担任该栏目主持人，我爽快地答应了。因为对于历史我有种特殊情怀，常说温

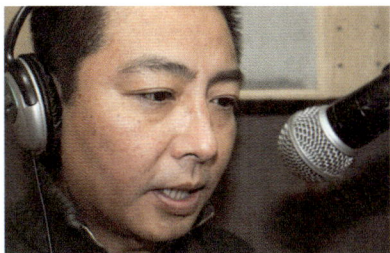

任志宏工作照

故知新，而历史可以破解现实中许多无法破解的谜题。

任志宏在朗诵

从 2004 年 10 月《国宝档案》栏目开播至今已走过 13 个年头，我倍加珍爱这份缘分！世界上还有什么比你心甘情愿为之付出而获得的那种心仪的满足感更幸福的呢？走近《国宝档案》必然会走进历史；走进文物自然就会发现隐藏在它们背后真实的历史故事。

如今它之所以能成为中国文博界备受关注与尊重的电视栏目，与它长期以来坚守文化自信和文化尊严的栏目定位不无关系，因为它不媚俗、不逢迎、不投机取巧才存活至今而依然鲜活！在我看来它是伟大而神圣的！而作为该栏目主持人，能在其中尽自己的一份微薄之力，我深感骄傲、自豪。多年来与《国宝档案》朝夕相处、休戚与共、同呼吸共命运，才有机会获得 2008 年"中国收藏界十大人物"称号。当时给我的评语如下："电视机前，他带领观众层层解密《国宝档案》。他庄重典雅的主持风采、从容不迫的声音气质，伴随文明演进，穿越千年时空，为传统文化增加了悬念和美感，凸显了收藏魅力，也紧紧抓住了观众。"

近年来，《国宝档案》栏目前后分获广电总局全国十大

优秀栏目称号、CCTV 三十个品牌栏目之一、第 23 届"星光奖"，入围国家优秀国产纪录片及创作人才扶持项目等等。是啊，奖项的背后，凝聚着频道多少同仁的心血与汗水！我们都是这个频道普通的一名员工，但正是因为我们一直坚守着自己的坚持、不忘初心、共同努力，才造就了中文国际频道的辉煌。近年来我频道连创全国收视新高就充分证明这一点：在各频道竞争激烈的今日，能赢得受众的尊重是对我们最大的奖赏！而这正是频道决策者和同事们高瞻远瞩、相互涵养、上下同心、齐心协力的结果。

重温过去，是为了关照现实，只有关照现实才能照亮未来！未来还有更多的奖牌等待我们去勇夺，前提是我们绝不能松劲，还要多快好省、力争上游！让我们共同努力！

　　《走遍中国》是中央电视台中文国际频道的一档品牌栏目，创办于 2002 年 9 月，2014 年、2015 年分别荣获中央电视台品牌栏目，综合评价位列全台第 18 名、第 15 名。2016 年《走遍中国》栏目全新改版，"聚焦中国新变化"成为栏目新定位，它关注当代中国最新发展前沿，透过"新现象、新风尚、新观念、新事物"，打造国家名片，展现国家实力，树立大国形象，彰显大国自信。

　　为创新品牌，更好地传播立体中国、多彩中国、活力中国，《走遍中国》栏目自改版以来，坚持"走"的特色，从"新""深""广"三个方面展现栏目的新特色、新气质。

　　新：事件新、视角新。紧扣时代脉搏，以新思路展现新变化。

　　深：立意深、见解深。讲述当代故事，从新现象发现新趋势。

　　广：眼界广、思路广。突出国际视野，凸显中国故事国际表达。

　　《走遍中国》栏目不仅是海内外观众了解当代中国的重要窗口，更是中国走向国际舞台、提升国际传播力，推动中华文化走向世界的重要平台。

走遍
中国

CCTV.

梁建英[*]

联手铸造"中国名片"

  真没想到，有一天我会成为央视中文国际频道《走遍中国》的采访嘉宾，而且为了配合这次拍摄，我竟然抽出了整整两天的时间。在家人和同事看来，这简直是天方夜谭。因为我从来是一个对媒体，特别是对镜头不太感冒，甚至有点儿抗拒的人。我常常婉拒各大媒体的采访安排，真的推托不了的，也会把采访时间严格控制在一个小时以内。

  到底为什么会对《走遍中国》的摄制组团队另眼相看？我也一直在思考，或许是第一次见面时摄制组总编导的一句话打动了我。她说，中文国际频道是中国唯一一个全球落地的频道，这次拍摄中车是为了给全世界推送一张中国的"金名片"。而我的梦想是让全世界认可中国的高铁技术，让我们国家的高速列车技术领先世界。

---

  * 梁建英，中车青岛四方机车车辆股份有限公司副总经理、总工程师，先后荣获中国铁道学会科学技术奖特等奖、茅以升铁道工程师、全国五一巾帼标兵、中国经济女性年度创业人物等荣誉称号。

快速发展的中国高铁

就这样，联手铸造"中国高铁金名片"成为我们合作的初衷，也让我第一次与中文国际频道结缘。

海外电话停不了

2017 年 3 月，《了不起的高铁》播出之后，我切实感受到了中文国际频道在国内外巨大的影响力。

我记得有一天开会的时候，公司技术中心主任设计师赵世忠很兴奋地跟我说，之前我们合作的某德国公司看了《了不起的高铁》第一集，马上给技术中心团队打电话，说 CCTV-4 播了你们的撞击试验，你们的技术很牛。要知道，这个德国公司从来都自视甚高，合作这么长时间，从来没有当面这么夸过中国的高铁技术。

类似的事情还有很多。我特意去百度了一下中文国际频道的介绍，发现中文国际频道除了亚洲版，还有美洲版和欧洲版，基本覆盖了中国高铁

的海外市场。其实，除了高铁，中国还有很多世界一流的技术、制造装备产业等等，在中文国际频道这样一个平台上播出"中国金名片"系列，实在是一件利国利民的大好事。不过，要想把这好事做得有影响力，可不是一件容易的事情，摄制组得理解高铁技术，而我得改变对电视行业的认知。

隔行不再如隔山

我不是一个经常看电视的人，不是不喜欢看，而是没有时间看。我的绝大部分时间都在跟一堆钢筋铁骨打交道，研究如何让它们变身成更快更安全的高速列车。

梁建英（右）在介绍中国高铁列车研发之初所设计的备选车型

　　我不是一个高调、爱表现的人，不是没有作出成绩，而是当中国高铁的明星产品CRH380A研发出来之后，前来采访的媒体太多，我疲于应付，觉得应该把有限的精力更多地放在技术研发上。最重要的是，高铁行业是一个专业性比较强的领域，在我看来，一个行业外的记者很难在短时间内对它有全面了解。

　　因此，2016年9月中文国际频道《走遍中国》摄制组前来中车四方股份公司踩点策划选题时，我只是简单地同总编导任伟娇交谈了一下，甚至觉得这个年轻人根本不懂高铁。

　　同我一样，因为接待任务重，采访媒体特别多，公司企业文化部的负责人也早就练就了一双火眼金睛，发现编导对顶级高铁技术知之甚少，因此我们一开始并没有重视这次摄制工作。

　　没想到，一个星期后，编导竟然又来了，这次她跟我深聊高铁技术，并且按照我的建议调整各集主题，把"速度""安全""舒适度"等单独分

隔开来。这是我在采访中从来没
有遇到过的情况。后来经过侧面
打听，才知道编导上次临走之前
专门向文化部借了四本书，通读
加精读，同时还回京约见了北京
交通大学的教授上课。我一下子
对中文国际频道的摄制团队有了
强烈的好感，他们让我想起了之

《走遍中国》栏目组工作照

前没日没夜研发高铁技术的时候，也是一帮年轻人，也是不断碰壁、不断
攻克难题。再后来，在拍摄之前，我收到了两份超过万字的策划方案，虽
然在有些技术的描述上有小瑕疵，可是已经非常专业；更重要的是，深入
浅出，通俗易懂。我觉得这一次，普通大众也能读懂这张"中国金名片"。

　　就这样，我推掉了好几个会议安排，连续几个周末加班，甚至面对镜
头画上了淡妆……直到今天，我依然觉得参与《走遍中国》的摄制工作，
是我 2016 年度所做的最正确的决定之一。

希望下一步宣传"中国标准"

2017 年 6 月，我参加了"2017 青岛国际标准化论坛"，这是一个国际最权威的标准化会议，聚集了来自国内外顶尖的标准化组织、知名企业、高校专家等。其中中车四方股份公司承办"标准助推高铁装备与技术创新发展"专题论坛。我做了有关"中国高铁装备技术创新与标准体系构建"的主题演讲。

《了不起的高铁》摄制组在青岛拍摄时合影

　　技术只是打造"中国金名片"的第一步，而标准才是世界通用的"技术语言"。只有积极参与国际标准化工作，才能提升中国高铁装备的品牌影响力和国际竞争力，助力中国高铁装备"走出去"。希望未来中文国际频道可以用更多精品节目，助推"中国标准"变身"国际标准"！

《走遍中国》栏目组工作照

　　《远方的家》是中央电视台中文国际频道（CCTV-4）于 2010 年 12 月推出的大型人文纪实栏目。自 2011 年 7 月以来，该栏目相继制作推出了《边疆行》《沿海行》《北纬 30°·中国行》《百山百川行》《江河万里行》《长城内外》《一带一路》等大型系列节目，是中央电视台的品牌栏目。

　　《远方的家》一贯奉行"在路上、在基层、在现场"，以扫除中国影像纪录盲区的使命感，在中国最基层的地方捕捉生动鲜活的故事，以润物细无声的方式，以真实影像、真切体验、真挚情感，动态记录当下中国与世界的联系，向海内外观众展示了一个真实的、发展变化中的中国，也展现了中国日益走近世界舞台中央、不断为人类作出更大贡献的历程。专家评价说："《远方的家》节目反映了真实生活的热度和质感，彰显出国家电视台的责任和担当，是时代风云的记录者和参与者。"

远方
的家
CCTV

行走在远方，亦苦亦乐亦珍惜

《远方的家》栏目组，在团结协作的氛围下，每个人不仅可以把自己的潜力发挥到最大，也成为带动他人进步的积极力量。不论是拍摄《边疆行》系列期间遭遇的山川险阻、自然灾害，还是如今拍摄《一带一路》系列碰到的困难与干扰，当旅途中的外力都在挤压摄制组时，团队成员就会更加团结。大家在险境中相依为命，又见证彼此的成长，在业务上扶助切磋，也彼此鼓励。每一个镜头、每一集节目，甚至每一块疤痕，都凝结着这个栏目组的汗水、泪水、理想与信念。

好故事，只要行走，就会发现

杨霁

2011 年，《远方的家》经历了改版，它的第一部系列专题片《边疆行》问世了。为了这部作品的问世，我和当时任总编导的周朝永老师带队，来到黑龙江拍摄样片。当时，我们一路走，一路看，发现了许多很有意思的事情。比如那些隐藏在偏远地区的族群——赫哲族。他们那里有一所规模

《远方的家》摄制组在云南滇藏公路拍摄

《边疆行》节目组采访喜马拉雅山丁嘎哨所

《远方的家》栏目组在孟加拉国采访

很大的学校，学生却很少，因为家长早已把孩子们送往外面的大都市。而他们的民族传统也正在面临着被年轻一代忘却的危机，历史悠久的渔猎文化正在消亡，精美的鱼皮画、鱼皮衣、动听的赫哲族民歌、传统的祭祀越来越少。

渐渐地，我们在行走的过程中，发现了越来越多的故事，社会百态、人文情怀、公益诉求等。这种行走带给我很多启发：原来，不可能有独立于人物、故事、时代的风景存在；只要行走，就会有发现，就会有故事。

有人说《边疆行》节目中，人物的语言很朴实、很简练，却非常感人。原因就是这些都是真实发生的事情。

如今，行走、纪实、人文情怀已经成为《远方的家》的格调，然而，这些思路就是在主创团队的行走中产生并积累的，在实践中总结得出的。

国家非物质文化遗产"水鼓舞"

如今，消遣、碎片式的信息充斥着人们的视听，总要有人从正面去讲述这个时代的故事，而祖国这么大、世界这么多样，当我们可以用影像将这个时代记录，并展示给今人、后人，让更多的人了解和正视时代的发展，这是一件多么有意义的事啊！

知行合一，在行走中谛听时代脉搏

王　静

我作为出镜记者加入《远方的家》栏目组，是在拍摄《边疆行》系列的 2011 年。从《边疆行》系列到《一带一路》系列，我的心胸、视野也在随着行走里程的增加而扩大。在中央电视台中文国际频道这个平台上，在《远方的家》栏目组，我需要站在国家的高度，去看中国、看世界，这是在其他平台领略不到的。令我感触最深的，要数拍摄《一带一路》系列时在印尼的采访经历。

2014 年，印尼总统佐科上任，也恰恰是在 2014 年，他们提出了打造"海上高速公路"的施政口号。而那一年也正是中国"一带一路"政策的推行之时，两个发展思路不谋而合。后来，佐科总统积极地参加中国的 G20 峰会和"一带一路"峰会，他也非常主动地带领他的国家加入了"一

《远方的家》摄制组在肯尼亚铁路拍摄现场

《北纬30°·中国行》淳安县巨网捕鱼

《远方的家》摄制组在福建沿海拍摄

带一路"的建设之中。在中国驻印尼大使馆采访时，谢锋大使向我们介绍，佐科总统是一个非常务实的人，他认定"一带一路"对于印尼来说，是赢得发展的最佳机遇。印尼高层对"一带一路"的十足信心深深震撼了我，而印尼民间对中国机遇、对发展的渴望更加让我触动。

近年来，我一直在读关于王阳明的书籍，用王阳明"知行合一"四个字恰恰可以形容自己的工作状态：曾经，我对"一带一路"的了解，只限于知识性学习，而当自己亲眼看到了印尼的发展、印尼人民对中国互助共赢发展思路的认同，才恍然大悟，这就是践行，让自己由浅入深，切实感触到了"一带一路"的影响。

见证这个时代的脉搏，亲历这样伟大的拍摄，"一带一路"这样伟大的历史时期，正在发生，能够亲历它，我的人生没有遗憾了。短短几年便能让我体会到世界最精彩的部分，这种"压缩人生"的经历，使我倍感珍惜。

与危险擦肩，只为拍到更好的故事

马　维

在《远方的家》系列节目《一带一路》的拍摄过程中，我们在印尼奥比岛的经历真可谓是步步惊心。

要到达印尼的奥比岛，在交通工具上我们只有一个选择——乘坐印尼"口碑最差的"快艇。刚刚坐进去，就仿佛被扔进了一个铁皮箱里。快艇如飞梭一样向外海挺进，大浪一个接一个，小小的快艇就在大浪中剧烈地摇晃、升起、摔落。同行的摄像师刘先贺抱着器材，跌来撞去，感觉他自己都要被摔碎了。所有人都有一种不祥的预感，仿佛这里就是生命的终点。

在一次次挺进风浪中，在一次次生死博弈后，我们终于到达了奥比岛。这是一个在国内互联网站上都查找不到的地方。我们也是在到达之后才获知，几百年前，这里曾经是海上丝绸之路上的香料贸易岛。早在明朝，郑和就到达过这里，他曾帮助当地人发展贸易，直到今天，还有当地人供奉他、纪念他。几百年后的今天，中国的企业也循着先人的足迹来到这里，带领当地人从事镍铁的冶炼，一起创造财富。

《远方的家》栏目组合影

　　"用行走来发现故事，因为行走本身就有故事。"这是我一直认同的观点。《远方的家》系列节目《一带一路》，正在帮助中国人改变看待世界的方式。我们用影像记录真实的社会风貌与需求，用我们的镜头去发现他们的需求，从而帮助他们改善生活。

　　如今，"一带一路"沿线上的各国家和地区正在有条不紊地发展。现在，这个小岛正在中国企业的带领下发展经济。或许 30 年后，这个地方可以摆脱闭塞、贫穷，成为基础设施完善、商业繁荣的贸易港；或许 30 年后，"一带一路"沿线的亚、欧、非国家的经济都会百废俱兴、生机勃勃，整个世界也会变换一副模样。到了那时，如果想回看发展初期的历史影像，《远方的家》恰好拥有最全面的记录。《远方的家》里每一位创作者都深深地认同着这样的理念，热爱着这份工作所赋予的使命。

设备安好，我就安好

王景义

　　外景拍摄，每天与危险擦肩而过，编导必须认真、负责，必须关注每一个细节，确保人员的安全。而我作为一名摄像人员，不仅要保证人身安全，还要保证设备的安全。

　　令我印象最深刻的，还要数 2013 年拍摄《远方的家》系列节目《百山百川行》时徒步托木尔峰的经历。户外向导与负责保卫的边防连战士都坚信：7 天 6 夜，全程徒步进出托木尔峰大本营，哪怕是专业登山队，也很难百分之百完成任务，而一个摄制组，拖着沉重的器材，没有人掉队，也没有中途撤退，这简直不可思议。

　　我们要穿越一片大面积的荆棘，因为没有路，所以必须用身体劈挡荆棘，在抵达荆棘区的终点后，每个人的腿上、手臂上都被划伤、刺伤了。

《远方的家》摄制组车陷西藏
羌塘自然保护区泥地

《远方的家》摄制组在孟加拉拍摄

《远方的家》摄制组在新疆托木尔峰穿越激流

《远方的家》摄制组拍摄塔吉
克斯坦中国农机

　　而就在抵达终点的那一刻，我突然发现，原本贴在摄像机上的麦克风不见了。"不要回去捡了！太危险了！"身边传来这样的劝阻声，我却迅速地回忆起刚才的场景，凭着记忆与分析，我能断定它是被右侧的荆棘打掉在地，所以掉落的方位一定在左手边。就这样，我不顾周围人的劝阻，固执地一边回忆，一边原路返回寻找麦克风。再次回到荆棘区的起点，一边慢慢地蹚着荆棘，一边琢磨，往复两次后，果然，就在左边的草丛中，发现麦克风完好无损地躺在那里。

　　在《远方的家》栏目组，我算是年龄最大的摄像师，这么多年来，我

《北纬30°·中国行》摄制组徒步墨脱

《江河万里行》记者在海南万宁采访

从不允许自己有设备丢失或损坏的事情发生。究其原因，还是我反复强调的两点：认真、负责。每当发生危险，我看待设备的安全甚至重于自己的生命。不管在山中，落石滚下，还是在马上，跌下马鞍，我总是出于本能，先保护设备，再顾到自己。

　　栏目组的同事时常对我打趣，戏称我为"铁人"。就在我的小腿上，还留着当年穿越荆棘时的伤疤，而这伤疤的周围，还有许许多多更深的伤疤。栏目组的每位同事，对伤疤已经司空见惯了，在我们的眼中，这些伤疤仿佛是相册，记录着拍摄时的酸甜苦辣，每当回忆起来，都饱含深情。

文明
之旅

　　《文明之旅》是一档以中国传统文化为核心的周播访谈栏目，于2010年12月开播，每期45分钟。节目每期邀请一位文化学者做客演播室，就一个文化话题进行深度访谈。栏目秉承习近平总书记提出的"树立民族文化自信"的目标，积极向世界弘扬中华优秀传统文化。

　　《文明之旅》成立六年多，在全国电视文化访谈类节目的市场占有率中始终名列前茅。栏目的口号为"文明之旅，文化之旅"，通过对中国传统文化更加具有深度的内容开掘、更加具有力度的样态创新、更加具有广度的思想碰撞，展示出中华民族的伟大智慧。经过六年多的精耕细作，《文明之旅》栏目已经成为海内外华人了解中华文明不可或缺的精神家园。

于　丹*

翠微苍苍的文明旅程

　　中文国际频道《文明之旅》栏目组的里程盘点，一时竟然让我沉吟语塞，"却顾所来径，苍苍横翠微"。

　　当《文明之旅》的编导林康楠发给我 27 期节目整理出的文稿，我才想起当年栏目组的现场居然是没有设置外国嘉宾的，而主持人刘芳菲跟我打招呼的话题还是"女儿幼儿园毕业了吧？"

　　而今，我的女儿已经是个中学生了。在那间文明话题纵横千古的演播室里，我们究竟有过多少会心的碰撞呢？而不同嘉宾之间的谈笑风生，又引出过多少错愕和惊喜……

　　＊　于丹，著名文化学者、古典文化的普及传播者，北京师范大学艺术与传媒学院副院长、首都文化创新与文化传播工程研究院院长、国务院参事室特约研究员。著有《于丹〈论语〉心得》《于丹〈庄子〉心得》《于丹趣品人生》《于丹重温最美古诗词》等。

节序与流光

我们曾经一起过了好多个节日。至今，《文明之旅》节目组用五彩丝线缠绕的小粽子还挂在我的书橱把手上，旁边的香囊隐约还散发着不知今夕何夕的艾草香。当时节目中说到中西节庆差异的时候，我半开玩笑地讲："西方的节日是天上下来的，是人对于神的致敬；中国人的节庆是地里长出来的，是农耕民族对土地法则的遵循。"后来我发现，关于节日，可真是检测不同文明基因的大关口。

中秋那期节目的记忆，真是"当时只道是平常"。我和芳菲习惯性地说着中秋明月与团圆的典故和诗词，忽然来自美国的莫大伟冒出一句：

2011 年 4 月于丹第一次参加《文明之旅》节目剧照

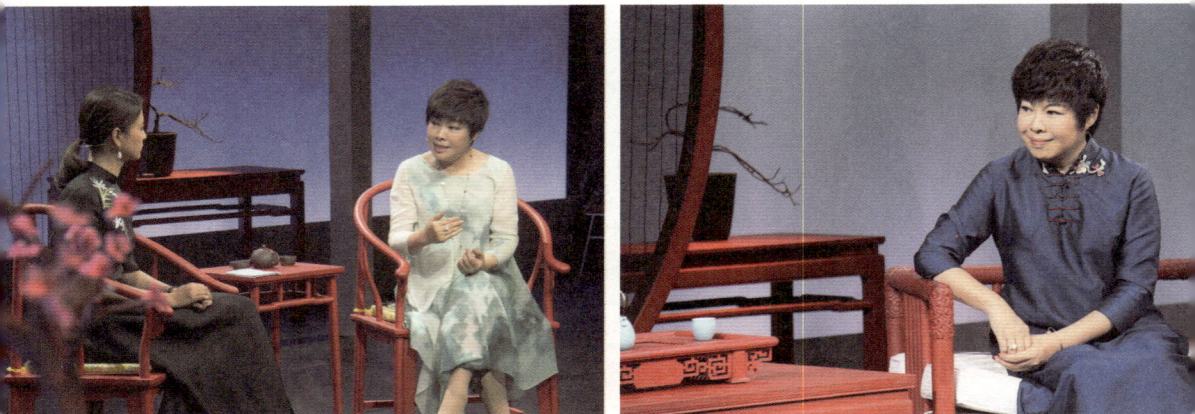

于丹在《文明之旅》节目中

"我们英文里有 lunar 这个词，就是月亮。可 lunatic 是神经病，在月圆之夜看见月亮就变成狼人了，要吃人。"来自法国的朱力安也跟着说月亮属阴，而"阴森森"是个很负面的词。我们就着这个超出预期的话题越聊越深，说到了属阴的月亮节，民间也叫女儿节，素有"男不拜月，女不祭灶"的风俗，还说到了射日的后羿与奔月的嫦娥，直到"一阴一阳之谓道"的平衡。那天我几乎忘了这是在做节目，只觉得中西文明的撞击比学术研讨

《文明之旅》节目录制现场

会上来得还要直接，也更加精彩。那次节目之后，我去看了整个《暮光》系列，甚至把《夜访吸血鬼》这样的老片子都翻出来重新看过，越看越觉得对西方月亮文化了解太少太少。其实，许多文明的典故都是生活里的约定俗成，讨论节庆时候讲出来的故事，才真是"百姓日用即为道"。在《文明之旅》谈过的那些节庆，哪一次不埋着缤纷的密码呢？

观念是行为的原乡

在《文明之旅》此起彼伏的诸多谈话碰撞之中，最容易达成共识的其实是基本常识。讨论"君子有三畏"的时候，我想起了一位民俗学家告诉我的故事：全球流传最广的童话原型不是浪漫的王子公主，也不是无敌的超人英雄，而是狼外婆和小红帽！在各种语言文本中，这个原型大同小异，基本上跨文化全覆盖。为什么呢？因为这就是禁忌教育，告诉儿童要知道自我保护，懂得害怕才不至于狂妄到随时捅娄子。在这样一个因为发达的科技而让人越来越无所畏惧的时代里，这个例子居然共识度最高。

难怪《曾国藩家书》里说：不与君子斗名，不与小人斗利，不与天地斗巧。懂了敬畏，就规避了风险，这才是赢得效率的最大前提。

有个道理说得好：人生如果只追求成功，那么只需要一个方向就够了，那就是向前再向前；如果想开阔眼界，就还需要向左右看看；如果希望增长智慧，那么一定要停下脚步回过头去，因为回望历史才使我们洞悉所有观念的由来。

每参与录制一期《文明之旅》，我都在崇山峻岭的苍茫之中做了一次宁静愉快的回望。

但愿人长久

关于节目，关于岁月，所有记忆中最鲜明深刻的还是关于人。当年，《文明之旅》清癯腼腆的年轻编导林康楠找到我的时候，还是个废寝忘食的单身汉。后来，我吃到了他的喜糖；再后来，康楠做父亲的那一天把儿子的照片发给了我。废寝忘食是一如既往的，但是康楠脸上多了一种柔和的光芒，录完节目送我的时候，总是忍不住掏出手机，给我看看一天一个新模样的帅儿子。

第一次见到《文明之旅》节目外籍嘉宾、来自美国的莫大伟的时候，他还是一脸大胡子的艺术家范儿。几年间，我眼看着他越来越成为标准的中国姑爷，学会跟中国丈母娘妥协，也为跟孩子的沟通头疼。而另一位热情洋溢、来自非洲的外籍嘉宾捷盖，第一次见到他的时候

《文明之旅》节目导播间

只觉得风风火火，上来就表演中国武术。日子久了，才发现他是个拿得起绣花针的张飞，他的问候信息几乎没有漏掉过一个传统节日，而且有称谓、有落款，绝不群发，也是个靠谱儿的"中国通"。

每次上《文明之旅》之前，我都会因为可以和芳菲聊天而喜悦憧憬。这位冰雪聪明的姑娘，别人看见她的美貌，我更多看见她的独立与悟性。芳菲的爱读书是少见的，无论在飞机上还是高铁上，静静地抱着一本书是她的常态。最舒服的聊天前提是彼此懂得，无一处刻意逢迎，无一处不会心微笑。这条旅程已然踏破千山，而芳菲的悟性让她在千山之外还能遇见新鲜的文明和新鲜的好奇，成就着不同个性、不同领域的嘉宾。正所谓"两朵云，只有在同一高度相遇，才能生成雨"。

文明一次次带着疑问出发，是为了一次次更清晰地归来，在每一个不早不晚的当下，以缄默睿智的微笑，舒展一份气定神闲。27期节目，几乎可以换来一个编外员工的身份了，我与《文明之旅》的下一个话题与下一杯茶，也许就在不远的前方。而中文国际频道成立25周年，是整整四分之一个世纪，对于中国文化的历史而言很短，但对于中国文化的传播而言却已经很长。因为中国传统文化的地位在这25年间不断提升，而我有幸与这个面向全球的频道结缘，恰在最好的时候。

　　《中华之光》是中央电视台年度重点选题，是国务院新闻办、国务院侨务办、中国人民对外友好协会、孔子学院总部／国家汉办、中国文联和中央电视台共同举办的大型文化人物评选活动，自 2012 年创办至今已经连续成功举办了五届。节目主旨是表彰为传播中华文化作出重大贡献的全球华人、各界知名人士以及外国友人，增强全球华人对中华文化的自信心和自豪感，激励全球华人为中华文化走出去多做贡献，扩大中华文化在全球的传播，提升中国文化软实力与国际影响力。自播出以来，得到了社会各界人士和海内外广大观众的高度评价，尤其在海外华人世界中，已将其作为中国文化界一项至高的荣誉。

中华
之光

郎　朗 *

《中华之光》中的每个人物都是一束光

　　《中华之光》中的每个人物都是一束光，这些"光"来自不同的方面、有着不同的角度、发出不同的色彩。感谢中央电视台把这许多束"光"集合在一起，形成五彩的光柱，照亮过去、现在和未来。我有幸在第一届时就成为了这其中的一束"光"，和许多优秀杰出的人物凝聚在一起，尽我们的努力发散着自己的光亮和光热，温暖这个社会，也照亮一些人生。我们会持续、持久地努力下去！也祝愿《中华之光》愈久愈辉煌！

---

　　* 　郎朗，国际著名钢琴家。首位也是唯一一位与维也纳爱乐乐团、柏林爱乐乐团、纽约爱乐乐团及美国五大交响乐团多次合作的中国钢琴家，2005 年应美国总统乔治·布什邀请到白宫举行个人专场独奏会。被外媒誉为"将改变世界的 20 名青年"之一。

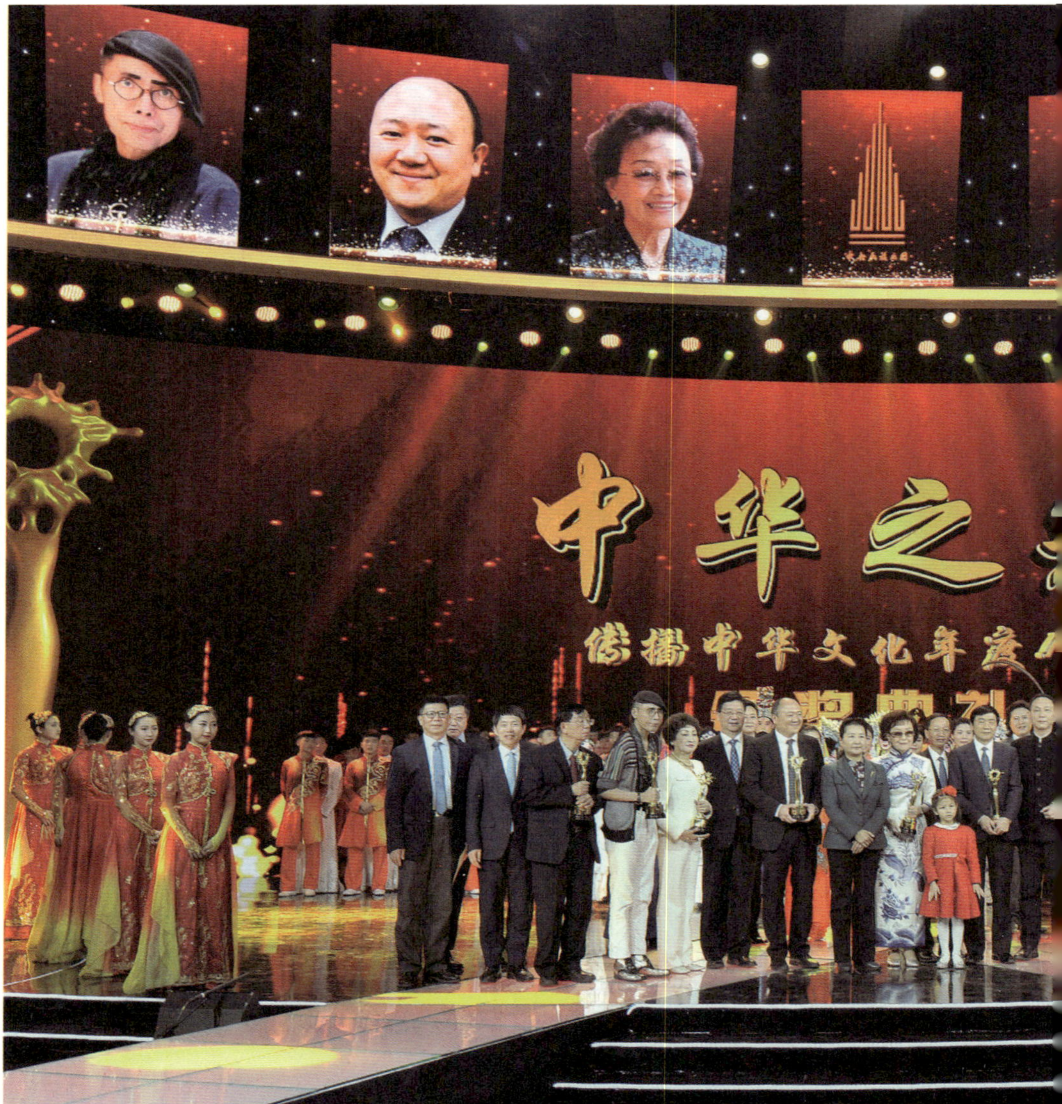
中华之
传播中华文化年度

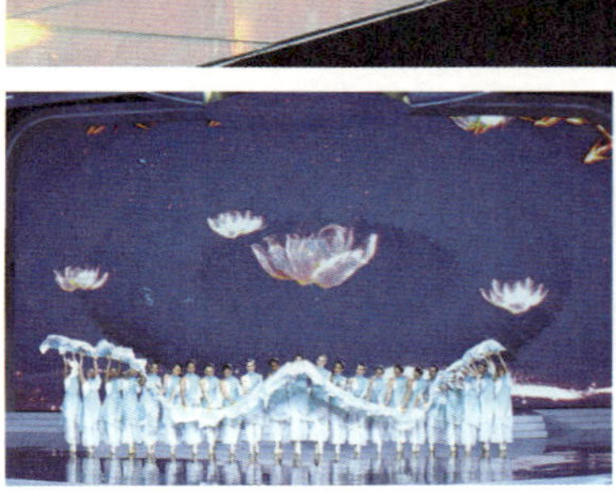

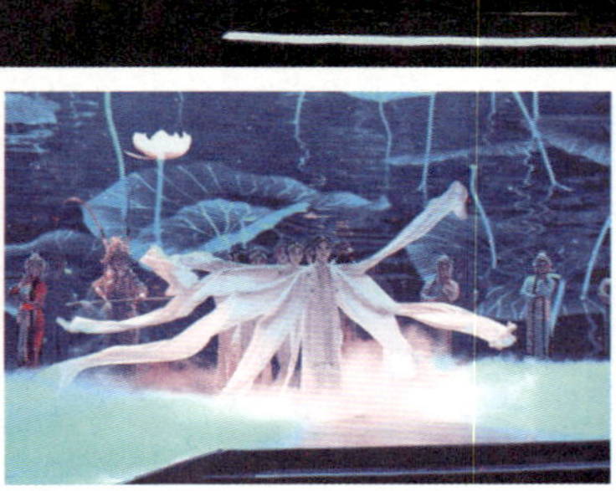

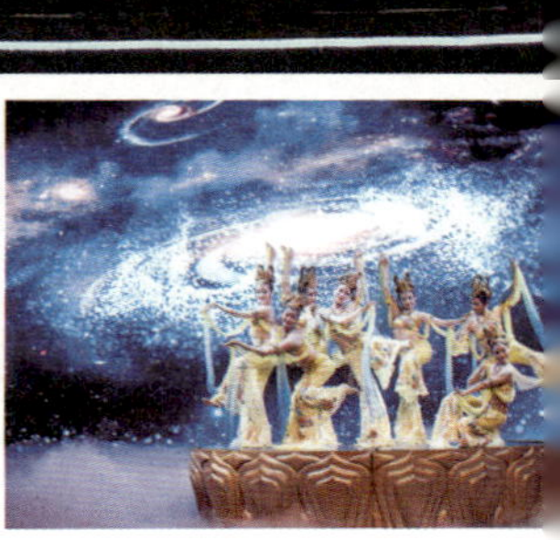

《中华之光》颁奖典礼现场

《中华之光》部分获奖嘉宾

由中央电视台中文国际频道制作的《世界听我说——全球华人辩论大会》是一档弘扬中华文化和展示全球华人风采的创新型辩论节目，由中央电视台原品牌节目连续举办了14届的《海峡两岸知识大赛》《两岸及港澳中华文化知识大赛》《两岸及港澳大学辩论赛》不断改版升级而来。2017年《世界听我说——全球华人辩论大会》从全球五大洲选拔出不同社会背景、不同年龄和不同职业的60名华人辩手，在2名辩论导师的带领下，进行团体赛、个人赛和挑战赛，不断累积个人积分，最终决出总冠军。辩论赛的辩题既包括关系社会发展的大问题，也包括和每个人的生活息息相关的小问题，涵盖海内外华人生活的方方面面。

郦　波*

以辩明道，以论正言！

"以辩明道，以论正言！"《世界听我说》中的每个辩手都有自己的"声音"。这些"声音"来自不同国家，有着不同的表达方式，却都说着抑扬顿挫的中国话。这是一个让全球华人发声的平台。说出我们的主张，辩出我们的观点！顶级辩手，唇枪舌剑，每争高下，智慧闪现。这是全球华人的思想盛宴，是华语辩论界的饕餮盛宴！作为学者，我有幸躬逢盛会，和这些青年才俊一起，向世界发出我们的"声音"。然后，用我们的"声音"去拥抱世界，去启迪人生，去温暖社会。我们会继往开来，会继续努力。祝愿《世界听我说》越"说"越好，一如既往地向世界传递中国声音！

---

　　*　郦波，南京师范大学教授，国际华文教育指导委员会委员，CCTV-10"百家讲坛"主讲人，曾主讲《评说曾国藩家训》《五百年来王阳明》等。《中国诗词大会》《中国成语大会》《中国汉字听写大会》常驻嘉宾。

《世界听我说》嘉宾郦波、陈文茜

《世界听我说》导师陈铭、林正疆

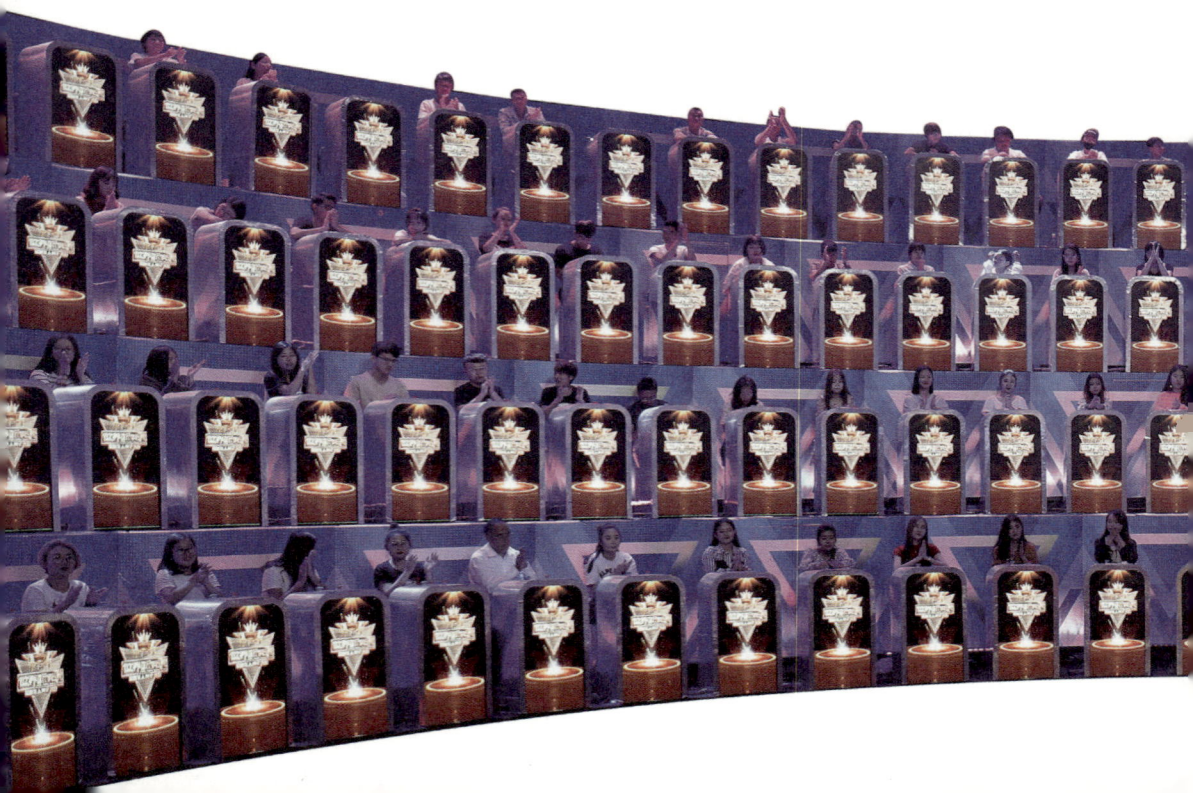

以辩明道，以论正言！

《世界听我说》主持人张腾岳

《世界听我说》节目现场合影

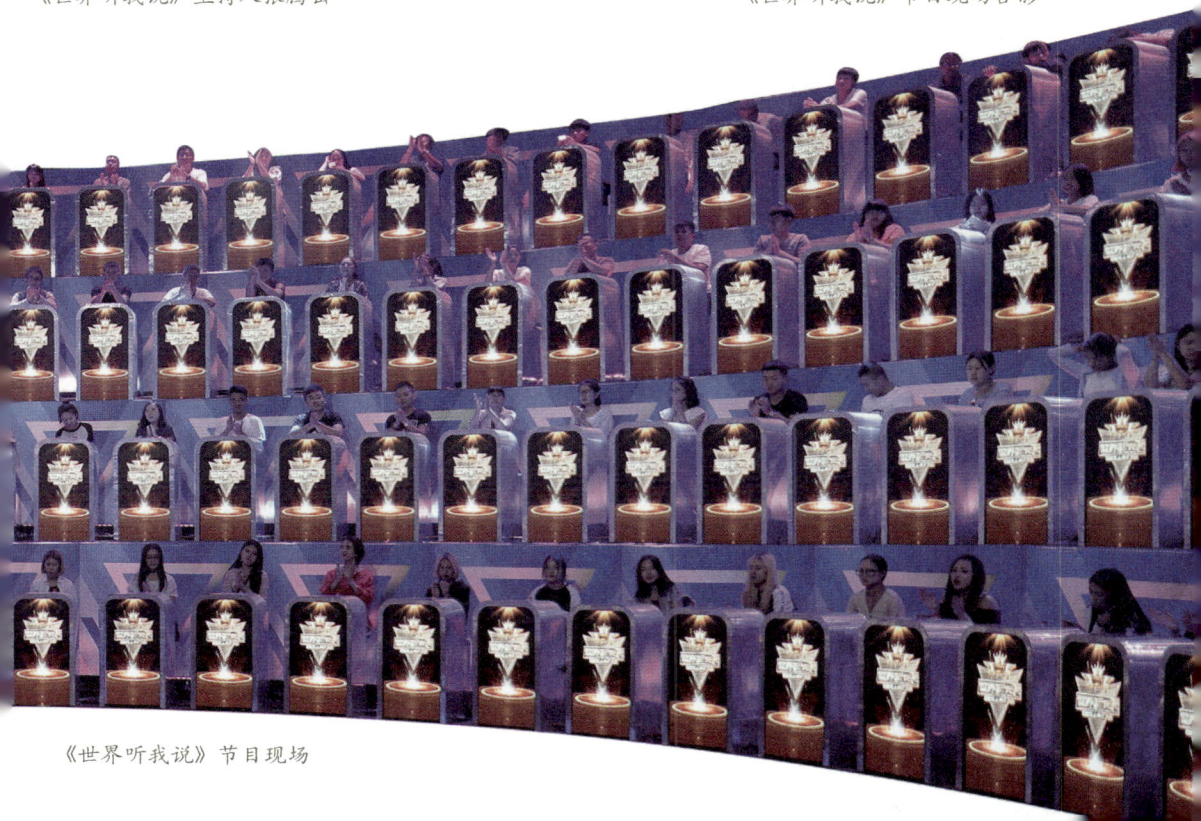

《世界听我说》节目现场

《世界听我说》节目参赛选手

《世界听我说》节目现场

传播优秀文化

我是中文国际频道
I am CCTV-4

中国
文艺

中央电视台中文国际频道《中国文艺》栏目开播于 1996 年。2014 年 10 月,《中国文艺》推出"周末版"《向经典致敬》,是一档大型原创演播室综艺节目,通过访谈、表演和外拍纪录短片等形式向经典的文艺作品和德高望重的艺术家们致敬。2017 年《向经典致敬》进一步拓宽视野,由单纯的经典人物,扩展到向经典电视剧《红楼梦》、歌剧《江姐》、大型音乐舞蹈《东方红》等优秀作品致敬。节目秉承"感受经典恒久的魅力,重温往昔鲜活的回忆,聆听岁月划过的声音,传递民族艺术的力量"的创作理想,精心打磨,追求思考的深度、历史的广度和人文情感的温度,向各类艺术中泰斗级的高龄艺术家致敬,力求为当代文艺留下珍贵的影像资料。

蓝天野*

向经典致敬

比记忆还迷离，

比往事还遥远。

比道路还漫长，

比时间还久远……

经典，是出世的归宿，亦是入世的起点。

从 1907 年以李叔同、曾孝谷、欧阳予倩为代表的"春柳社"，在日本东京上演了《黑奴吁天录》至今，中国话剧艺术已走过了 110 个春秋；与之相比，电视剧要年轻一些，但从 1958 年的《一口菜饼子》开始，到今天也有 59 个年头了。百余年的时光里，大浪淘沙，很多演员的名字被镌

---

　　*　蓝天野，著名表演艺术家，先后在《北京人》《茶馆》《蔡文姬》等 70 多部话剧以及电视剧《封神榜》《渴望》中饰演重要角色。获得 2013 年"中国戏剧奖"和 2015 年"国际戏剧学院奖"两大终身成就奖。

刻在银幕上、舞台上、历史中，汇聚成一条光辉灿烂的星河，在时光流转中照亮了中国影视艺术的天空，并以璀璨的壮美吸引着、指引着一代又一代影视人汇入这条长河中，努力着，骄傲着，燃烧着，以自己的一抹华彩，让中国影视艺术更加绚烂。

如何让每一代年轻人都能欣赏到这条星河的美景，让他们记住，让他们神往，让他们树立起艺术人生的标杆？让千百万有着演员梦的人向着艺术家的方向去努力、去奋进？诚然，观看这些著名演员的代表作品是绝好的途径，但是，影视作品中所见的大都是他们的艺术光辉，若想更全面、更深入地了解一代代影视人的人生经历、艺术理念、创作观点以及不懈奋斗的心路历程，看艺术专访无疑是非常好的选择，这一点，CCTV-4《中

《中国文艺·向经典致敬》节目照

国文艺·向经典致敬》做到了。

第一次结缘

　　我与《中国文艺·向经典致敬》结缘于 2016 年，节目组邀我来做一期节目。起初我还存在一些疑问，现代社会相比之前的时代，物质上不知丰富了多少，文明的发达程度也不可同日而语，但是人们的情感一定比那时候更细致、更深邃吗？人们的情怀比那时候更宽广、更高远了吗？对经典能有多深的情？这种深情今天在大家的心里还有多大的触动？但接触下来，我逐渐发现这个节目有新意、有特点，不单单是访谈，还通过特邀嘉宾的形式来全面地聊艺术家的人生经历、艺术创作及生活趣闻等，促进更真实的情感的抒发。

　　在录制我这期节目的时候，我万万没有料想到节目组力邀到了张和

与蓝天野一同上节目的三位嘉宾（从左至右分别为张和平、张凯丽、濮存昕）

蓝天野在《中国文艺·向经典致敬》节目现场

平、濮存昕、张凯丽三位重量级嘉宾，我甚至都觉得这三位嘉宾过于"奢华"。但恰恰这三位嘉宾都是与我一起多年相行相知的，既是同行更是挚友，足可见节目组的良苦用心。

我们在节目中愉快地攀谈起往事：2011 年张和平院长如何用一次"鸿门宴"把"在外流浪"了 20 多年的我重新邀请回舞台上；曾经是如何将濮存昕"借"到了北京人艺，而后他又如何落地生根；和凯丽回顾了当年拍摄《渴望》时的种种趣事，及在艰苦条件下的拍摄过程中怎样建立起很深的情感，并一直持续到现在……

之前我一直觉得访谈节目就是访谈，从未在访谈节目中表演节目。但在《中国文艺》的访谈过程中确实展示了一种真诚的交流和热情，在现场，我第一次即兴演绎了话剧《冬之旅》的台词片段，这也是我做所有访谈类节目中唯一的一次。

再续前缘

　　《中国文艺·向经典致敬》关于我的那期节目播出后有很大的反响，直到今日偶尔在剧场里碰到一些观众，他们还都会提起这期节目，让我也"经典"了一把。2017年，栏目组将之前播出的45分钟的节目，改版成为60分钟的节目继续播出，其中又增加了"中国话剧110周年""北京人艺65周年"，又恰逢我90周岁的一些活动内容，节目更加丰富而精彩。

　　我不禁感慨，在如今浮躁的时代下，还有节目在坚守着对经典最本真

《中国文艺·向经典致敬》剧组工作照

的还原，能作出这样有力度、有深度的节目，实属不易。《中国文艺》栏目组的导演们与我持续保持联系，后来栏目组邀请一些嘉宾做访谈，我偶尔也会帮忙，比如朱旭等等；2017 年又作为嘉宾参加了郑榕节目的录制。之所以愿意再次来参加，是因为每次节目的录制不像是在工作，而更像是一次次的朋友聚会，轻松又愉快。

在如雨后春笋般的荧屏节目大发展的今天，CCTV-4 自开播以来一直秉承"国际时尚风范、中国文化气派、经典品牌气质"的大家风范。而在《中国文艺》节目中，"走进中国文艺，重温经典记忆"的主题更是让观众在耳目一新的节目格局和更具观赏性、艺术性的栏目形态中，有了更深层次的收获。

其实，人人心中都掩映着一片山林，可能很久前已好好观赏过了，而《中国文艺·向经典致敬》帮我们打开了这样的一道门：只要轻推开一条缝，一眼望去，便会看到许多以前不曾留意的东西——许多真正契合于内心的经典，许多属于梦想的初心。

经典之于中国人，好比明月前身；中国人之于经典，亦如流水今日。让我们与 CCTV-4 和《中国文艺·向经典致敬》一起见贤思齐，在这个伟大的时代中不断修为，不断前行。

　　《中华情》是中央电视台中文国际频道一档 60 分钟的歌唱综艺栏目，每周面向全球推出一期综艺音乐盛宴。全新改版后的《中华情》致力于"以歌传情"，每期邀请四组来自海内外的歌手现场演唱，经过故事讲述、歌曲演唱两个环节，由观众现场打分，累计心动指数赢得惊喜。《中华情》"以歌传情、为你心动"！

中华
情
CCTV.

李　菁*

《中华情》，一次美好的邂逅

　　中文国际频道《中华情》栏目一直是我和我的家人最热衷的节目之一。这一次，我能以心动观察员的身份，登上《中华情》的舞台，让我感到荣幸和感激。《中华情》是一档大型的综艺节目，有歌曲，更有故事，把歌曲与嘉宾背后的故事相连接，意在"以歌传情"。我喜欢这样的节目设置，更欣赏节目组赋予其背后的含义。我知道，《中华情》连接着全球华人的情感，各行各业人的情感，连接着你、我、他，每个人的情感。这不仅是一档节目，更是我能体验情感、传播情感的地方。与《中华情》的相遇，是一次美好的邂逅。

---

　　* 李菁，知名相声演员，中国曲艺家协会会员、北京曲艺家协会理事、西城区政协委员。曾获得"立白杯全国相声小品大赛"专业组一等奖、"CCTV第六届全国相声大赛"专业组银奖、"2010年度曲艺人物"称号等。

《中华情》节目录制现场

这一次，我可以做一名观众

在 20 多年的演艺生涯中，我担任过很多角色——相声演员、演员、主持人、小品演员等等，我习惯了站在台上表演桥段让台下的观众享受和开心。

可在《中华情》的舞台上不同，我摇身一变，成了一名"心动观察员"，这一次，我有机会能彻彻底底地做一回观众。作为"心动观察员"的我，看着每位嘉宾与主持人和现场观众的互动，除了交流外，我做的更多的是观察、倾听与理解。此刻，不用担心会忘记台词或是接不住其他同行的话，我可以坦然地在舞台上做李菁，倾听每位嘉宾的故事，随着观众一起为嘉宾有趣的故事笑，为伤感的故事流泪，和嘉宾用聊天的方式交流。对此，我沉浸并享受其中。

千言万语无尽处，情到深处自然浓

《中华情》的舞台很广，它可以容下来自世界各地的故事和人们。在《中华情》的舞台上，有中国人，也有来自世界各地的外国人；有饱含故事的耄耋老人，也有咿呀学语的孩童；有健全人，也有残障人士；有明星偶像，也有草根达人。他们相聚在《中华情》的舞台上，因为他们有着形形色色的动人故事，和与他人分享情感的意愿。

在嘉宾精心准备的每一期节目背后，都承载了某种动人的情感，这情感的落点有很多：父母情、兄弟情、师生情、亲情、友情、爱情、家国情……在节目中相遇的这些情感让我感慨万分，我领略了"楚俏组合"姐妹俩一曲《我的心里只有你没有他》，用胖胖的身材舞出自己人生的自信

和执着；我见证了德国小伙阿福和妻子这对跨国小夫妻跨越文化冲突和困难，坚定在一起的甜蜜和幸福；我聆听了"50岁辣妈"刘叶琳的一曲《女人花》，唱出的那向美而生、终生不懈的勇气和执着；从"凉皮哥"赵玉琨唱给儿子的《天使在人间》里，我感受到了他数年如一日陪伴自闭症儿子那深沉的父爱……在这里，我收获的不仅是嘉宾才艺展示的美好视觉享受，更是走心动情的精神享受。

其实，文艺工作人员的工作就是把老百姓的情感诉求用各种艺术形式表达出来。艺术不应该让人们觉得疏远陌生，应该让人们产生共鸣，成为人们精神上的避风港。《中华情》的节目录制让我有机会静下来去体味更多"人"的情感。无论艺术的表现手法有多么创新，最终的情感落点不会改变。怎样能更准确、更有力地表达群众的想法和诉求，这是我接下来更

李菁在《中华情》节目中

希望思考并要努力做到的。

台前台后都是满满的中华情

　　《中华情》的录制过程让我感到温暖，不仅在台上，同样在台下。《中华情》的工作人员认真、严谨、投入。他们对嘉宾的故事深度剖析、理解，尽最大的努力呈现给观众真实、动情、立体的人物和故事。正是因为他们对工作的专业和认真，我和观众们才能体味到如此丰盛的精神大餐。

　　不仅对工作，我在《中华情》工作人员的身上，更看到了他们对人的尊重和爱。节目主创人员竭力想表达的，对人性正能量和社会的暖意，时刻都让我觉得心里充满了温暖。可以说，《中华情》之所以能打动电视机前这么多观众朋友，是因为幕后这群有人情味的工

《中华情》工作照

作人员。在这里，我想感谢所有这些可爱的工作人员，有了你们的努力，才有了今天的《中华情》!

　　衷心祝愿《中华情》栏目越办越好!

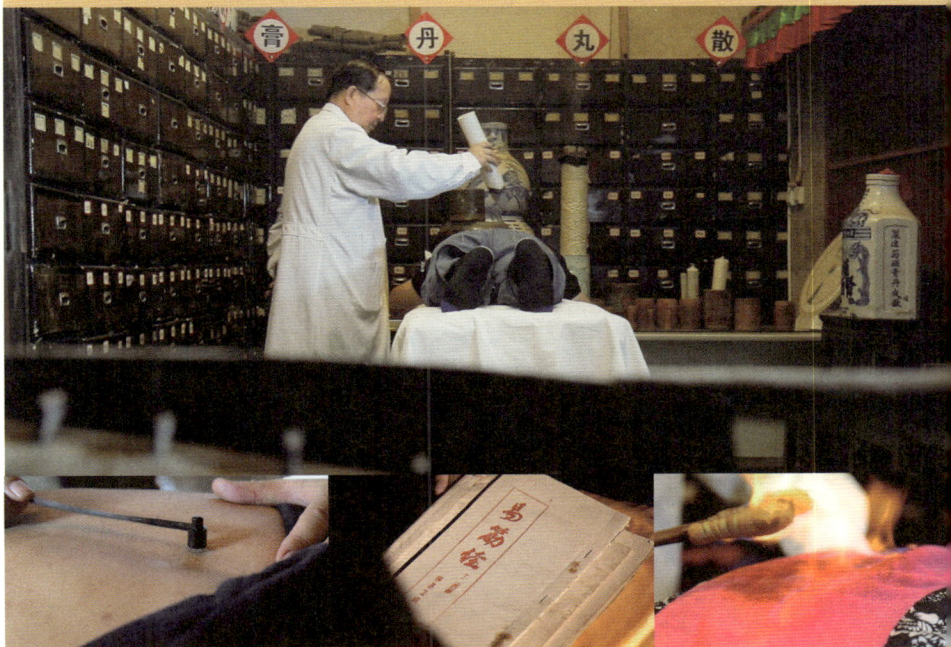

　　《中华医药》栏目于 1998 年 6 月 1 日在中央电视台中文国际频道开播，每周首播一次，是中国电视媒体中唯一一档向海内外传播中国传统医药文化的大型电视健康栏目。栏目以"讲述中国人的生命智慧"为基本宗旨，在为海内外观众带来贴近生活且实用的健康知识的同时，也重视与海内外观众的网络互动，追求文化品质。《中华医药》栏目已经成为中央电视台中文国际频道深受海内外观众欢迎的品牌栏目之一。

丁曙晴*

《中华医药》与我的中医本心

　　中文国际频道今年 25 岁了，而《中华医药》栏目也已经 20 岁了。在我看来，《中华医药》不仅记录了我的成长，还深刻影响了我中医心路的发展，改变了我的从医方式和理念。重温在《中华医药》录制的两次节目，从这两段相隔 9 年的经历中，可以看到《中华医药》对我润物细无声的改变。

《马桶上的挣扎》：吴阿姨帮我定位中医路

　　我出生于一个中医世家，爷爷丁泽民是我国著名的中医肛肠学科的奠基人。我是在老一辈人创立的南京市中医院全国肛肠诊治中心这棵大树的

　　*　丁曙晴，中医外科学博士，南京市中医院全国中医肛肠医疗中心副主任，主任中医师。国家级非物质文化遗产"丁氏痔科医术"第十代传人。世界中医药学会联合会盆底医学专业委员会秘书长兼副会长，中华中医药学会肛肠分会常务理事。

呵护下学习和工作的，2007 年是我工作的第十个年头。我对中医的理解和使用主要是通过掌握的固化的中医知识，但"纸上得来终觉浅"。

由于我的父亲丁义江带领的团队在慢性便秘中西医诊治方面取得成果，2007 年《中华医药》栏目组和我们共同策划了《马桶上的挣扎》这期节目。作为病人吴阿姨的经治医生，我参加了节目的拍摄。我是个"专业控"，思路是西医的，从专业的角度展现疾病相关的病因、治疗和高端诊治技术，中医的内容仅是我的治疗手段。

在我和节目编导沟通细节的过程中，让我吃惊的是编导竟然在很短的时间内就厘清了节目构思的三条线：专业知识的逻辑关系、吴阿姨复杂病情的展现形式和中医治疗的精妙。作为一个非医疗专业的编导，思路清晰、专业案头知识准备得比我还详尽，这背后的付出绝非我能想象得到。为了拍摄得真实，我的病人吴阿姨毫不犹豫地再次经历了 X 射线的造影检查，并且在拍摄中耐心地、一遍一遍地重复着自己的病情。她虽被便秘折磨得十分痛苦和无助，但出于对医生的信任、对栏目组的信任，也因为大家都想帮助更多的病人，所以共同努力成就了这期节目。

节目播出后，国内外的患者纷至沓来，我们见到了各种各样的痛苦的病人，有的因为滥用各种药物已经无法正常工作和生活。我们最初的工作都集中在对诊治方案的不断研究中，慢慢我们发现，这些太不

丁曙晴在《中华医药》节目中

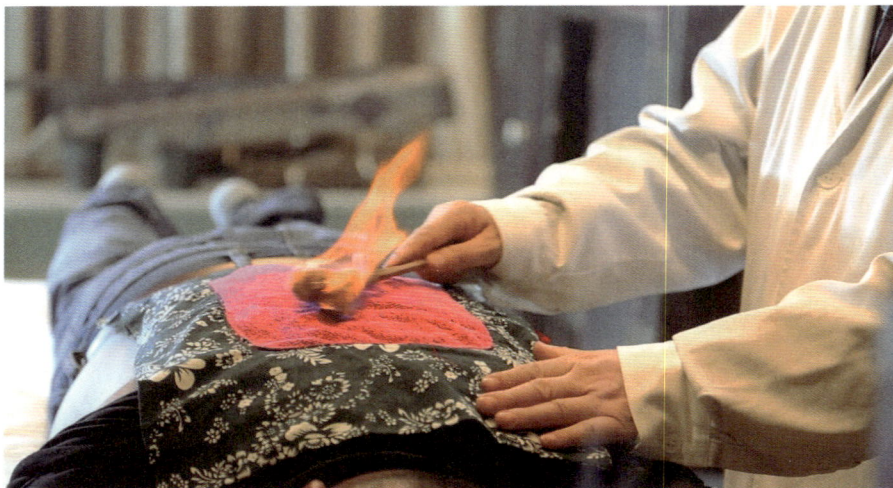

中医传统刺熨疗法

够了。

为了让病人能更精准地找到我们，我们成立了专病门诊；为了让病人得到综合治疗，我们建立了多专业一体化的治疗室；为了让病人安心积极参与治疗，我们教会病人健康的生活方式、心身平衡的理念……最终形成了以病人为中心、中医药及针灸等多种核心技术为主的多专业、一体化诊治平台，形成了慢性排便障碍病人的管理流程，设计出"院前健康科普教育""院中诊断治疗""院后家庭康复"的思路，并通过技术培训推广至全国，使慢性病人可以在当地得到诊治。

我在"绝知此事要躬行"中见证了中医药和针灸的技术魅力，见证了中医的整体观下心身同治的人文关怀对病人的改变。可以说，是《中华医药》、是吴阿姨帮我定位了我的中医路。

《丁氏秘招》：比传承结果更重要的是传承本身

2014年，传承十代的"丁氏痔科医术"被列入国家级非物质文化遗产，这是对我们家族300年来传承和技术奉献的肯定。1956年我爷爷丁泽民将家传的所有专科药方、器械等无偿捐献给南京市中医院，创立了痔科，发展成今天的全国中医肛肠医疗中心，在国内外享有盛誉。丁氏的秘招就是爷爷的"泽民精神"，让他献出的药物和技术培养更多医生，造福更多病人。

2016年3月，我们开始和《中华医药》栏目组策划《丁氏秘招》这期节目。感情细腻、思想缜密的编导唐莹专程到爷爷生活过的扬州和江都嘶马老家，在老街体验生活，翻阅爷爷的各种资料，还细心研读《丁氏痔科学》专著。最终她设计出以"痔"这一古老而常见疾病为代表的中医药物治疗方法为主线，通过几个病人的故事，将丁氏枯痔疗法的发展以丁氏家传珠黄散为主方的散剂和灌肠剂等的疗效展示串联起来，体现丁氏十代中医传承至今的精神力量。

通过这次节目的制作，我重新翻看了族谱，爷爷的老照片、医书和中医典籍、手抄笔记等，探访了爷爷的病人和好友。看着是我们在准备各种拍摄的物件，其实也是我在借着节目整理我自己的人生目标，接受心灵的洗礼。这些老物件，这些零碎的记忆，这些医生和病人的感情因为这次整理而鲜活地表现了出来。我细细体会爷爷的想法，越发觉得他当年艰辛，但因为付出而获得的快乐，爷爷也和我一样，得到了心灵的满足。

在这个过程中，我也从专业角度重新思考了"中医药痔病治疗"的优势。有些中医的宝贝因为各种原因尘封已久，再次使用的时候人们才恍然大悟，发现先人的智慧和自己的无知，可惜有些已经失传了。在一次国际

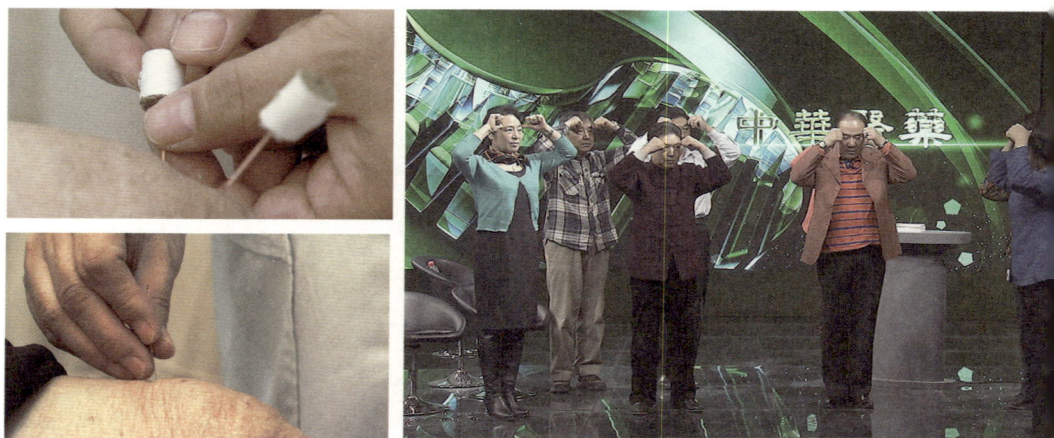

《中华医药》节目

《易筋经》图示

会议上，我以此为题展示了中医肛肠治疗发展的历史、智慧，以及现代注重技术精细化和商业推广的弊端，相信将来必定会回归初心，重新焕发中

医的辉煌。我为用英语说中
医的优势，为中医散发的独
特文化光彩和自主知识产权
而自豪，场下听讲的人也纷
纷报以热烈的掌声。我由衷
地认为，比传承的结果更重
要的是传承本身。我想这是
《中华医药》带给我的自信，
作为医生不是光让病人来寻
医问药，更要传递民族和文
化的精神。

国家非物质文化遗产"古本易筋经十二势导引法"

　　其实，《中华医药》每一期节目的制作过程就是在病人、医生和编导
台前幕后的互动中传递着博大精深的中医文化的精髓。于我而言，《中华
医药》见证了我的职业生涯的成长，影响了我中医心路的发展，也改变了
我的从医方式和理念。

　　中医是一种生活方式的认同和选择。作为"丁氏痔科医术"第十代传
承人，我期待能够以中医的方式传承中医、共享中医、共荣中医。

《外国人在中国》是中央电视台首个以外国人为主体的纪实性专题栏目，中文国际频道于 2013 年重点打造推出。旨在通过真实记录外国人在中国的个人经历、生活状态，以个性化的视角，展示中国博大精深的传统文化，折射当代中国的发展变化以及开放包容，反映出中国的开放、宽容、自信，是一个"在中国的外国人"喜闻乐道的个性化展示平台，同时也为中外文化和人文交流搭建起一座桥梁。节目时长 30 分钟，每周六 17：30 播出。

外国人
在中国
CCTV.

[美] 黄小猫 *

我和 CCTV-4 的中国缘

　　中华文化源远流长。随着中国的日渐崛起，全世界越来越多的人，尤其是年轻人对中国文化产生了向往。包括我在内，每年有数以万计的留学生从海外涌向这个古老而又现代的东方国度。而 CCTV-4 是我最开始了解中国文化的窗口，我常常从电视节目中学习和了解中国文化。更重要的是，频道的覆盖范围非常广，在美国的时候我经常收看，去了国外旅游也不会错过学习的机会。令我没想到的是，多年后的今天，我竟与 CCTV-4 的许多节目结下了不解之缘。

---

　　*　黄小猫（Katherine Ackerman），1990 年出生于美国费城，8 岁时随父母来到中国沈阳，从小喜爱中文和中国文化。2014 年参加 CCTV"汉语桥"全球外国人汉语大会，获得季军。后又通过《外国人在中国》《我在中国过大年》特别节目，再次被观众熟知。

《外国人在中国》让我看到了中国精神

我与《外国人在中国》栏目结缘，是在 2015 年和 2016 年。《外国人在中国》栏目组编导两次来到东北，先后去了沈阳和铁岭两地，真实地记录了我们这个普通的农村家庭的日常生活。在节目中，不仅有那个在我的母校沈阳师范大学努力学习中文的好学生黄小猫，更有扎根东北农村，体验了杀年猪、冬捕、做大锅菜、粘豆包等丰富多彩东北民俗的洋媳妇黄小猫。

黄小猫在《洋媳妇的中国年》节目中

为了更好地记录我们的真实生活，为观众更好地还原浓郁的东北民俗，摄影师竟然在三九天的东北"卧冰求鲤"。他们趴在冰上拍摄，手随时可能会冻僵，但丝毫不马虎。为了拍摄山上的日出，他们爬上冰雪堆积的山峰，途中摔坏了昂贵的设备，还险些跌下山崖。这些事情我至今回想起来还记忆犹新，因为它们带给了我强烈的震撼。除了这种精益求精的精神，从前期的沟通、策划，到后期的拍摄和剪辑，我还深

《洋媳妇的中国年》节目审看现场

深体会到了他们的专业素质。拍摄团队带着大大小小的设备，从冰面下到天空上，对每一个镜头都一丝不苟。

随着《外国人在中国》制作的《我在中国过大年》系列特别节目的热播，我真真切切地感受到了什么叫作国家级媒体的影响力。现在走在大街上，几乎每天都会有人喊出我的名字，甚至去外地旅游时都有热心的观众认出我们一家。我的生活由此发生了翻天覆地的变化。

两次节目拍摄期间，我们一家也正好经历了从普通农村乔迁到县城的过程，我想这正可以从侧面反映这两年中国经济的迅速发展。国即是家，不仅仅是我们一家的生活水平在逐渐提高，我身边的许多亲朋好友的生活也在经历着变化。

在中国生活了这么多年，我一直感到困惑，为什么中国能够在短短的几十年之内取得这么多非凡的成就。但是经历了与《外国人在中国》栏目组的两次合作，我明白了其中的原因。在我这个美国人的眼中，中国人大都是兢兢业业、一丝不苟的，我想正是他们这样的工作态度和专业素养，正是他们精益求精和敬业奉献的精神，才让这个国家取得了举世瞩目的成就。正是这种中国精神，才锻造了让世界为之惊叹的中国速度。

一口流利的"东北话"是这样炼成的

《外国人在中国》播出《洋媳妇的中国年》以后，很多人对我说一口流利的东北话感到好奇和惊叹。说起我的东北话，就要提到我参加的 CCTV-4 另一档节目。中国的语言文字是中国文化魅力的最大体现，每年暑期 CCTV-4 的"汉语桥"都被全球热爱中国文化的外国人所关注，而我也经历了从最开始的观众到参与者和获奖者的转变。我第一次接触"汉语桥"的时候就发现，原来汉语真的是如此富有魅力。初赛时，参赛选手的

黄小猫在《洋媳妇的中国年》节目中

数量就已经非常庞大，一直到一百强的复赛，竟然有几十个国家的选手在一起交流汉语，这真的令我惊奇不已。我感到这真是一个非常好的平台，去让全世界了解中国。

　　到了 2014 年，"汉语桥"变成了"全球外国人汉语大会"，而我也在那一年体会到了什么叫作"汉语热"。6 月的北京，炙热的天气就像外国人对汉语的热情一样，让人感受到一股股热浪。远在北京的我，正准备和来自世界上不同国家和地区的汉语高手同台竞技。在家人和老师们的陪伴下，我历经初赛和复赛，从半决赛拼到决赛，过五关斩六将，最终获得了季军的好成绩。那一刻，我的心情无比激动。从此之后，我更加深入地理解了中国文化的丰富内涵，也更加刻苦地学习中国语言。后来，我成了东北媳妇，我更是把能否学会东北话当成了是否做好中国媳妇的一件大事，我爱我的丈夫和他的家人，因此，我非常用心地学习他的家乡话，这才有了大家在《洋媳妇的中国年》中看到的说一口流利"东北话"的黄小猫。

我为此感到格外骄傲。

我爱中国，我在这里落地生根

如今我已经从沈阳师范大学毕业，在中国工作了一年多，从事了和我父母 19 年前来中国一样的事业——一名英语外教。在这个过程中，我理解了父母当时选择来到中国的理由，也看到了中国未来必定会更加强大的原因——那就是重视下一代的教育。中国的教育资源和教育环境越来越

迪亚拉为云南嵩明山区老人做艾灸

意大利摄影师马达罗举办个人中国摄影展

在中国生活了几十年的百岁老人伊莎白（左）在丈夫柯鲁克的雕像前

好，加上中国孩子的努力和上进，我每天都能感受到学生们一点一滴的进步。作为一名老师，这也让我为自己的付出感到欣慰。

中国是一个让外国人来了就不想走的地方，这里有几千年的古老文明，也有非常现代化的生活方式。比如现在非常普及的电子支付，在商场、便利店甚至是路边修鞋小铺都可以使用，只要有一部手机，几乎就可以解决所有问题。如果不是我正亲身经历着这样的变化，我简直难以相信我们的生活可以如此便捷。而我的父母也在感叹，将近20年的时间里，中国的变化实在太大了。中国越来越好，我也越来越离不开这个可爱的第二故乡。

我不禁回想，如果不是童年的我爱上了CCTV-4，又怎么会对这个国家从好奇到产生如此的热爱，又怎么会执意来到中国，在这里生根发芽。感谢CCTV-4，让我认识了中国，爱上了中国，留在了中国。我爱这里，我已经在这里扎下了根。

《外国人在中国》节目组采访菲律宾前总统阿罗约（左三）

《我是少林女弟子》拍摄现场

　　《城市1对1》是中央电视台中文国际频道的一档旅游文化节目。节目开播于2010年12月5日，每周一期，每期45分钟。栏目聚焦中外城市，通过外景短片展示以及演播室嘉宾讲述，全方位、立体化探寻一对中外城市的特色美景、地道美食、传统文化等，从视觉、味觉和听觉三个维度来"发现城市魅力，品味城市魅力"，深入浅出、富有生趣地呈现两个城市的个性风貌、共性气质和文化内涵，以节目的审美标准、价值导向和文化担当来启发对城市发展方向的思考，助力中国城市与世界接轨，向未来迈进。

梦　野 *

传递城市的狂野魅力

　　我是一名环球旅行者。五年前，我开始和一家地方卫视合作，走遍了世界最偏远的以及其他千奇百怪的部落，跨越了不同地理环境、纬度、地貌、气候、人文传统习俗等，并将这些经历拍摄制作成了系列纪录片。四年前，我走进了中央电视台中文国际频道的《城市1对1》栏目，成为众多主讲嘉宾中的一员。与这个栏目的结缘，使我在人文地理探索之外，更加注意到我们祖国城市的魅力和人民生活的巨大改变，体会到了国家的繁荣发展和华夏民族文化的传承。

---

　　*　梦野，20 世纪 60 年代出生。独自背包环游世界至今的 17 年间，足迹遍布 150 个国家和地区。2004 年到过南极，2005 年底到达北极点。

梳理天下见闻　确定节目亮点

　　《城市 1 对 1》的节目策划是首先要推介一个中国的城市，再根据这个城市的特点，寻找世界各地相对应的另一个城市。在我以往的旅行经历中，拍摄过很多城市的美景、美食和音乐舞蹈等传统文化的内容，但如何将其中的精华展示给观众，又能符合《城市 1 对 1》栏目的要求，常常令我比较纠结。所以我和导演们总是会花比较多的时间讨论选题、策划内容，甚至会讨论到选取什么样的镜头这样的细节。

　　说实话，之前拍摄制作的纪录片，我一直比较沉浸在自己那些极致疯狂、无往不前的

梦野在旅途中

梦野在《城市 1 对 1》节目中

旅途经历中。因为在我的旅游经历中去过的不少地方比较原始，拍摄的一些内容虽然新、奇、特，但比较血腥甚至是恐怖，这些内容往往具有极大的视觉冲击力，所以刚刚参与《城市 1 对 1》节目的时候，总不自觉地想延续我在旅途中那种对事物的极致观点和狂野不羁的风格，也试图把这些近乎"疯狂"的经历通过《城市 1 对 1》展示给海内外的观众。但当我每次把这些自认为绝对有视觉爆点的内容推荐给导演的时候，他们都会拒绝，提醒我说《城市 1 对 1》的节目内容不只是需要视觉爆点，更要秉持中国主流媒体必须传递正能量的原则，"我们要爆点，但不要暴力"。在我担任节目嘉宾期间，有不少内容因为不符合《城市 1 对 1》栏目的定位而被否定了，这样的经历也提醒了我，作为嘉宾要正确区分狂野历程中的励志故事与仅仅是哗众取宠、博眼球的噱头。

传递天下见闻　学习节目制作

我与栏目组的导演们在工作中不断相互学习。我经常分享对于内容节奏的控制和潜在伏笔的拿捏，也分享在人物采访中更注重的观察力和亲和力；而导演则会传授一些挖掘人物深度和广度的经验，以及维系人物采访内容的主线思想。我们每一次的合作和孜孜不倦的探讨交流，都让双方学到了对方多维的思考方式和执着的工作态度。

平时我比较专注于世界各地的地理人文探索，我很高兴在中文国际频道《城市 1 对 1》录制节目的同时体验到了各个城市的发展、国家的繁荣和民族的振兴。这是我多年来参与节目录制的最大收获，以至于平时出行制订旅游计划时会不由自主地选择一些我在节目录制过程"亲身经历"过的美丽的地方。

四年中，我参与了《城市 1 对 1》近 30 期节目的制作，作为嘉宾向海内外观众推介了近 30 座我游历过的外国城市。这么多年来，这个节目一直在为打开祖国城市魅力的窗口不懈地努力着，一直坚持着自己的价值观，让海内外的观众更多了解祖国各大城市的发展和华夏各民族的文化传承，我为自己也是节目中的一员而高兴。而在此过程中，我也感受到了中国城市的蓬勃发展和进步，通过这些中国城市与我推介的外国城市的对比，我看到了祖国的不断前进、国富民强、社会安康，对我自身也算是认识高度上的提升。

希望中文国际频道继续在海内外推广介绍中华文化，也祝愿《城市 1 对 1》节目一如既往地走下去，为人们喜欢中国和了解世界，建立起一个标杆性的国际城市间互动的交流平台。

于永靖[*]

从旅行中感知文化的力量

中文国际频道已经开播 25 年了。毫无疑问，这 25 年来，中文国际频道见证了中国改革开放以及综合国力的提升，它的存在让国人即使身在海外也可以持续不断地感知祖国的温度。

我从 2004 年开始出国旅行，无论东南亚还是欧美，一天的旅行结束后看中文国际频道都已经成为一个习惯。因为它是我了解国内舆情的一个重要窗口。印象最深刻的是有一次出国旅行，第三天正好赶上大年三十，回到酒店打开电视收看春晚重播，我甚至能感觉到一股股饺子冒出的热气，并且好像闻到了鞭炮扩散的硫黄味儿。那时我突然感觉自己像个游子，而中文国际频道传来的节目信号就像是一根线，紧紧地拽住你的心，让你明白无论走到哪里，你的血液当中都流淌着中国人的文化基因。

＊ 于永靖，中国国际广播电台环球资讯（FM90.5）主持人 / 制作人，主持《老外看点》以及《单词看天下》。休闲时光喜爱游走世界各地，记录各国人文历史，品尝特色美食。

戏要好看功夫在戏外

　　《城市 1 对 1》节目的录制时间一般在一个半小时左右，如何在有限的时间内绘声绘色地把两座城市的特色描述出来，是需要走心的一项大工程。抓准目标、攻其一点、前后勾连、远近穿梭，是我对《城市 1 对 1》的理解以及作为嘉宾表现的思路。而想在节目中满足这"16 字方针"则需要前期的大量准备。

　　以其中一期《城市 1 对 1：杭州对话汉堡》为例。虽说这座德国名城我并不陌生，但录制之前，我还是与编导进行了长达 4 小时的沟通。讨论内容包括：为何汉堡会成为德国一座著名的贸易城市？杭州的水与汉堡的水有何可比之处？从陆路到海路，汉堡的贸易基础设施如此人性，到底怎么描述？而当我提到从历史角度讲，它与中国的"海上丝绸之路"有一定联系时，编导又问这种联系是从何而起？除了描述介绍，那还有哪些能更

于永靖在《城市 1 对 1》节目中

加接地气儿的感悟？除此之外，能否不按照传统思路来录制节目，可否少

些铺垫，甚至不要铺垫，直接走向高潮，让观众始终被节奏和内容吸引？中外城市的介绍人有哪些点可以交叉互动？怎么设计一个"台阶"把话能引出来开成"爆点"？整个沟通的过程就像是论文答辩，这也提醒我，仅仅靠以前的旅游经验在《城市1对1》可混不了。

说实话，现在回想起这些录前准备，对我而言是熬人甚至有点痛苦的。但我也清楚，正是这样才换来每期节目的顺利录制，才换来观众的赞赏与鼓励。这种成就感正是每一位媒体人最喜欢和最珍视的感觉，而每位编导也都在体现着一名央视人对待节目应有的"匠人精神"。

戏要感人关键在细节

我曾经参与过一期新西兰惠灵顿的节目。在节目当中我介绍了一所城市公园，公园里有一条道路，两边种有高大的树木，每棵树前面都放置了一块小牌，上面刻着为了国家荣誉战死的士兵的名字，当地人在公园休闲遛弯的时候，可以随时看到这些名字。

·

在节目中我感慨道："每个国家都有自己的英雄，英雄不分大小，为国捐躯的士兵值得人们纪念，大的纪念仪式当然要搞，但这种润物细无声的纪念更加入心入脑。不管是哪个国家，对待英雄的方式体现着一个国家的价值坐标。"节目播出后我收到栏目组转交给我的一封观众来信，信中说道，一直以为《城市 1 对 1》是一档旅游节目，没想到人文气息和历史感悟也很浓厚。看完节目，他非常感动，立刻动身去了家门口附近的公园，再次用心地看了看红军纪念碑，追忆当年红军的艰苦岁月。

从一个媒体人的角度来说，一档节目应该具有一定的文化基因，它应该能使人透过现象看本质，用优质的内容帮助观众扩散感知、拓展思维，让人的感悟与寻常不同，而节目呈现的内容也不只有一种解读方式。中文国际频道本身就是一个以新闻、文化为定位的频道，《城市 1 对 1》这个栏目显然也具有文化基因。我认为，这才是电视节目应该有的中国范儿、中国水准！

《城市 1 对 1》节目拍摄现场

　　《快乐汉语》是一档大型演播室语言教学类节目。每期从一个常用汉字切入，以语言教学为主，文化教学为辅，力求知识的广度、深度和高度相结合，创建一个独特的汉语教学体系。在形式上以主持人、外国学员、专家和观众四方要素的互动来实现寓教于乐、学以致用的教学目的，从而打造一个全新的、综合的电视课堂概念，展现中外文化的交流与碰撞，探索出一条对外汉语电视教学的新路子。

快乐
汉语

萨　苏*

遇上了会甲骨文的老外

——《快乐汉语》录制拾趣

很多去过中国或者对中国感兴趣的外国人，知晓《快乐汉语》这个已经延续多年的节目，原因在于它不仅在讲汉字，更是在讲一种文化。我曾和参加节目的外国留学生计算过，《快乐汉语》每期只讲一个字，如果仅仅强调这个数字，按照小学教育对一二年级学生能写 800 个汉字的要求，这帮外国学生们要到大约 15 年后才能达到 8 岁中国儿童的水平。这实在是一个可怕的进度。

然而，这只是一个玩笑而已。《快乐汉语》每一期节目中教的其实并不仅仅是一个字，而是依托一个字，讲解中国古老并具有绵长生命力的传

---

* 萨苏，本名弓云。1994 年起先后在美国通用电气、AT&T、诺基亚、AMECO 等公司工作，并曾担任《环球人物》《环球时报》等报刊驻日记者，《日本新华侨报》副总编等。现为跨国公司聘用国际项目经理，同时进行写作和文化活动。2006 年曾被评为年度新浪最佳写作博客，点击量超过 1.7 亿人次。

统文化。比如，一个"宝"字，要从甲骨文一直讲到颜体楷书，然后讲到中国的国宝、活宝、耍宝、现世宝……这根本不是一门语文课，而是毛丹青先生所说的"字中国"——用文字描述一个中国，向世界普及东方的文化。于是，参加这样的节目，便有一种与有荣焉的责任感了。

多才多艺、各有特色的外国学生

三怪道："虽是没用，也是唐僧的徒弟猪八戒。且捆了，送到后面池塘里浸着，使盐腌了晒干，等天阴下酒。"八戒大惊道："蹭蹬啊，撞着个贩腌腊的妖怪了！"当我在《快乐汉语》录制现场看到大卫一本正经地写出一串甲骨文来的时候，我的感觉便和在狮驼国遇险的猪八戒一样心中震惊，忍不住无声地大喊"蹭蹬"——这《快乐汉语》教的都是什么学生啊？

《快乐汉语》节目中"班主任"韩佳、做游戏的大卫和北京小学的同学们

《快乐汉语》节目现场

就是现在把北京一个大学中文系的研究生抓过来，也不敢说他能认得甲骨文吧？这个大鼻子、蓝眼睛，帅得不像话的外国学生居然轻描淡写地给写了出来，而且谦恭地向你请教："老师，这个应该是刀刃的刃字吧？你们中国人把这种字型叫会意还是指事？"我想，遇见会甲骨文的外国学生，概率不会比遇到贩腌腊的妖怪高多少。

《快乐汉语》的学生大卫的确会甲骨文，而且写中文的时候还经常冒出一两个繁体字来。如果这能让你惊奇，那欧朦熙操着一口山东口音跟你讨论怕老婆的话题（缘自欧朦熙是山东好女婿外加老婆会武术），可能会让你对这个奥地利小伙子产生巨大的颠覆感——难道孔子的某个学生转世去了欧罗巴？前些天有个中文系教授跟我说，孔子和他的弟子授课其实都应该是操着鲁西南口音的，如果让他看见这个欧洲美男子用地道的孔子乡音吟诵《论语》，估计一定会崩溃。

参加这个节目之前，有位编导开玩笑地描述道："这是一群天底下最能闹的学生！如果不是有个严厉得如同宪兵队长的班主任（主持人）韩佳，我很怀疑这些家伙会把CCTV-4的屋顶拆掉。"这就是《快乐汉语》，一个难分年级，鸡同鸭讲，老师经常会陷入尴尬，学生总是无法无天让你哀叹没有道理好讲，需要细心琢磨才能把道理讲好的节目。

　　可偏偏这么个节目，其影响却可以跨过千山万水。远在日本的一位老华侨给我打电话，他发现我上了《快乐汉语》，便很得意地在招待中国留学生时炫耀了一番。我们家这位老邻居炫耀《快乐汉语》是因为日本的若干中文电视台播放着CCTV-4，播放着这个"空中孔子课堂"，节目给当地的华人华侨带去不少快乐——在异国他乡努力奋斗的他们，看看老外怎么在自己的祖国过日子，显然是一种有趣的事情。

让我"逆生长"的节目

　　参加了几次《快乐汉语》节目的录制，我豁然感到，这不是一个板起面孔的严肃栏目，风趣和诙谐贯穿其中，每次的拍摄都会笑声不断。而今，每一次录制都会让我心存期待，不知道今天面对的是怎样一个充满快乐和新奇的场面。这主要是因为我们的这些学员太有"创意"了。

　　至今我也不知道《快乐汉语》的编导们是从哪儿找来的这群活宝们，他们带来的不仅仅是参差不齐的中国话，更有浓浓的文化交汇，还有贯通

《快乐汉语》节目中"中国好女婿"欧朦熙

《快乐汉语》节目中表演叫卖的高山（左）与赛娜

世界各民族的问题——你怎么看待这个地球？把你放在一个完全陌生的地方，你怎么适应？

有一次，说到自己的理想，学员们便展现出了完全不同的一面，让我这个做了40多年中国人的家伙感慨原来"理想"二字竟然可以如此演绎。

有一个被观众公认为是学霸的穆雷，拥有众多小女生粉丝。他很骄傲自己从哥斯达黎加来到中国，来到了中文国际频道《快乐汉语》做嘉宾。这使他得以从本国"出口"之后又转回国"内销"，借助于CCTV-4强大的全球覆盖能力，让穆雷在回本国后也成了明星，去许多中餐馆是可以"刷脸"甚至免单吃饭的。穆雷说："这要多多感谢《快乐汉语》，要不谁知道我是谁啊！"

除此之外还有很多各有特色的女学生，来自波罗的海海边拉脱维亚的安泽，不仅是学霸，还是小有名气的多栖发展的明星，立志要当一个"中国好媳妇"；女神瑞塔，高挑白皙简直模特身材，外加气质亲和，言语温柔，她的中国梦是当一名演员；来自阿塞拜疆的赛娜，自称"吃货"，而且清楚地知道周围几公里内各个饭馆的拿手菜……当然，同学们都是在学习中开玩笑而已。该学的，还都学到了，只是气氛无论如何和师道尊严谈不上。

这就是《快乐汉语》，在轻松活泼的氛围里传播源远流长的中华文化，用文字的形式来描述中国，让更多外国人来到中国、爱上中国。跟着这个节目，我觉得，连自己都开始"逆生长"了。

《快乐汉语》节目中足球老师穆雷和他的学生

　　《体育在线》栏目开办于 2002 年 9 月，是中央电视台中文国际频道的唯一一档综合性体育专题节目，节目定位准确、内容丰富、制作精良，是海内外华人华侨观众了解中国体育发展状况、欣赏国内精彩体育赛事的主要窗口，也是无数国内公众了解体坛精华、欣赏精彩赛事、感悟体育人生、认知体育文化的一个平台。

　　2017 年 6 月开始，《体育在线》栏目改版为频道"特别节目组"，承接了频道的《魅力越南》《中华老字号》等大型系列纪录片节目。

邹 市 明 *

十年相伴，一路同行

　　我与中文国际频道结缘于 2007 年，至今已整整十年。这十年来，我三次作为中文国际频道的嘉宾出现在电视荧屏上，每一次都是我拳击生涯中的重要节点。十年的一路相伴，中文国际频道记录了我的成长、心路历程，现在回想起来，我仍然感触很深。

初次结缘

　　2007 年，那是我第一次出现在中文国际频道的节目中。当时我刚刚获得世锦赛拳击 48 公斤级冠军，这也是我国拳击历史上首块世界大赛的金牌。获奖后，中文国际频道《名将之约》栏目邀请我来演播室录制一期

---

　　*　邹市明，职业拳王。2008 年北京奥运会拳击 48 公斤比赛冠军，2012 年伦敦奥运会男子拳击 49 公斤级卫冕冠军。WBO（世界拳击组织）蝇量级（次最轻量级）世界拳王金腰带得主。

专访。当时《名将之约》是中国唯一一档体育冠军的深度访谈节目，在全国观众当中影响很大，我和教练张传良老师欣然前往。

邹市明接受《体育在线》采访

　　我记得，在节目录制前，导演张怡把我约到"影视之家"宾馆，与主持人孙晓梅、特约嘉宾韩乔生反复沟通访谈过程中的每一个细节，至少用了两个多小时的时间。节目组认真负责的工作态度，给我留下了深刻的印象！为了活跃气氛，节目组还特意设计了一个互动环节，让韩乔生老师用他自创的"王八拳"向我发起挑战，这种设计让节目的录制显得既富有深度，也生动有趣！

记录、相伴，共同成长

　　2008 年北京奥运会，我不负众望，拿下了 48 公斤级别的金牌，成为中国奥运历史上首块拳击金牌获得者，整个拳击队的成绩也获得历史性突

邹市明获得 2008 年北京奥运会拳击 48 公斤比赛冠军

破。奥运会后,《名将之约》栏目把我们整个拳击队都请到演播室录制了一期节目,讲述奥运夺冠的幕后故事。节目播出后反响很热烈,同时也扩大了中国拳击在全球观众中的影响力!

四年后的伦敦奥运会,我再次成功卫冕金牌。随即转战职业拳坛,向国际拳坛的最高荣誉——"WBO 世界拳王金腰带"发起冲击。这时候《名将之约》栏目改版为《体育在线》,从那时起,导演

邹市明获得 WBO 世界拳王金腰带

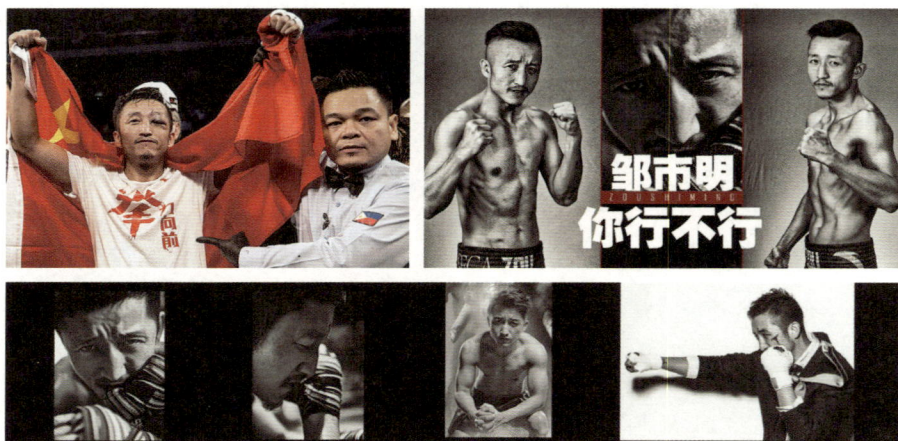

纪录片《邹市明，你行不行？》

组跟拍了我角逐职业拳坛的全部过程，从 2012 年到 2016 年，整整四年时间，他们用镜头记录下了我每一次的胜利、挫折及心路历程。终于在 2016年 11 月 6 日，我实现了自己的人生梦想，拿下了 WBO 世界拳王的金腰带。

不久，这部制作周期长达四年的关于我的纪录片《邹市明，你行不行？》在中文国际频道播出，引起了很大反响。在观看节目时我非常激动，也非常感动，整个过程都眼含热泪。这部纪录片入围了 2017 年"亚广联电视大奖"评选，祝愿它能够取得佳绩！

从 2007 年至今，是我拳击生涯最关键的十年，中文国际频道一路陪伴、记录了我的成长历程，作为众多体育运动员中的普通一员，我在这个过程中感受到中文国际频道作为一个国家媒体的使命感和责任感，深切感受到了记者一丝不苟的工作精神和奋勇向前的创造精神。这种精神也激励着我努力、奋进，跟随 CCTV-4 一起成长，不断创造佳绩！感谢《体育在线》栏目组，也感谢中文国际频道！祝愿中文国际频道 25 周岁生日快乐，再攀高峰！

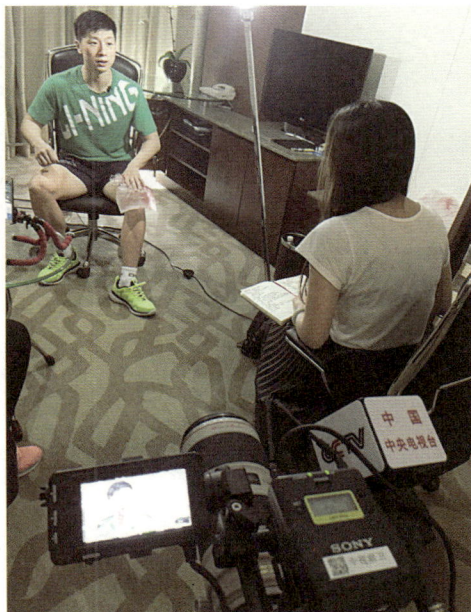

《体育在线》工作照

中央电视台中秋晚会，简称"央视秋晚"，是央视一年一度为庆祝传统节日中秋节而举办的综艺晚会，由中央电视台中文国际频道承制。2016 年起，中央电视台中秋晚会由综合频道、综艺频道、中文国际频道三个频道及央视网同步直播。近两年，中秋晚会实现了诸多突破，包括首次启用全景水上舞台、首次使用无人机航拍、首次使用 VR 虚拟现实技术等创作手段。中秋晚会以团圆和思念为主题，传递中秋传统文化的内涵，真实地反映出全球华人共仰一轮明月的美好情愫。

中秋
晚会
CCTV.

汪明荃 *

万水千山总是情

　　中秋节，又称"团圆节"，圆月当空，阖家团聚，赏月亮、尝月饼、玩灯笼，人月两团圆，是一个热闹和温馨的节日。能够参与中秋晚会的录制，通过中秋晚会与全国人民一同庆祝佳节，心情格外兴奋。祖国地大物博，不同民族的民众在这片土地上安居乐业，大家的生活习惯虽然各有不同，但对于家人和国家的爱是"人同此心，心同此理"。国家昌盛繁荣，人民生活富足，抬头望见一轮圆月，低头看见身旁的至爱家人，幸福就是如此。

　　中央电视台中秋晚会真实映照出中国人在月光下的所有美好情愫。让全球华人深刻感受到祖国的日益强盛和同胞之间的深厚情谊。

　　在中秋节与家人至爱团圆，月亮的柔光照遍中华大地，我以《万水千山总是情》的歌词祝福每一位中华儿女，愿大家"柔情似水爱共永"！

---

　　*　汪明荃，香港演员，1967年从艺，曾演唱《万水千山总是情》被两岸三地所熟知。作为香港知名演员，汪明荃涉及影视、歌唱、戏曲、主持、话剧等多领域。2016年当选中国文联第十届全国委员会委员。

央视中秋晚会现场

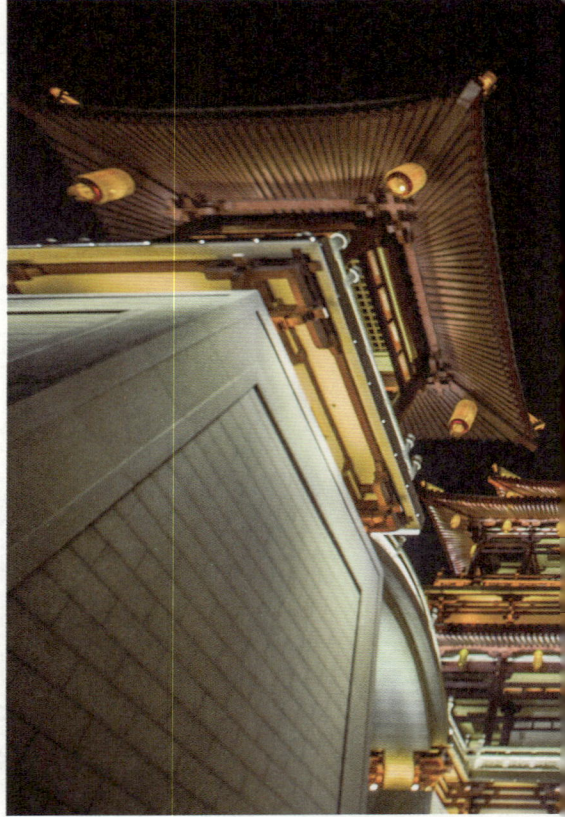

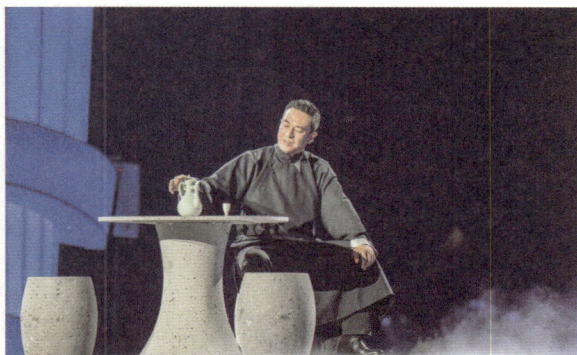

央视中秋晚会现场

央视中秋晚会工作照

央视中秋晚会工作照

CCTV

— 根在中国 —

侨胞回国发展的指路明灯

陈正溪 *

　　什么是旅意侨胞最重要的精神食粮？回答这个问题显然不需要过多考虑，肯定是央视中文国际频道（CCTV-4）。每天国内发生了什么事情、国际上发生了什么事情，CCTV-4 都能第一时间呈现给我们，久而久之，大家对它都有了依赖感。特别是《今日关注》《走遍中国》《远方的家》等节目，几乎是侨胞们每天必须享用的"大餐"。

侨胞的商机蕴藏在节目里

　　作为一个生意人，我关注更多的节

CCTV-4 精彩节目

---

　　*　陈正溪，1992 年移居意大利，意大利中国总商会主席、意大利罗马华助中心主任、欧洲侨报罗马分社社长。2016 年 CCTV-4 海外观众联谊活动获邀观众代表。

目是《中国新闻》，其中有大量国内政府最新的宏观经济政策、产业发展的导向等信息，这些最重要的"养分"都会在新闻节目中及时向我们传递。在我看来，最大的商机就在这些新闻里面。

记得 2011 年底，在 CCTV-4 新闻节目中看到关于城市化进程的报道，给了我很大启发。我首先联想到自己的家乡温州市文成县，在海外的温州人家乡情结特别重，如果回国投资首先会选择家乡。那么要如何把我们的县城建设成为"风光秀丽、环境优美"的浙南山水小城，像身边那些欧洲的小城市那样宜居呢？当时，我判断文成与省内其他小城市一样，一定会不失时机地加快城市化进程。于是，我第一时间回国，咨询杭州、温州的专家，对浙江小城市建设的发展前景进行分析、评估。在完成评估后，我又马不停蹄地回到家乡，向县城建设部门了解旧城改造的详细规划，他们表态欢迎侨资参与旧城改造，这给了我很大的信心。

陈正溪在 CCTV-4 海外观众座谈会上发言

旧城改造，实际上就是经营房地产项目，拆迁成本很高，投入比较大，风险相对也很大。当时，我跟我的合作团队说，城市化已成为浙江省经济社会新一轮发展的重要载体，对于地处山区的文成来说，推进城市化的进程更是增强经济竞争力、提高经济整体素质、赶超平原地区经济发展速度的一个千载难逢的历史机遇。项目从 2012 年建造文成县总部经济大楼开始，到 2019 年两大改造项目将全部竣工。CCTV-4 的新闻资讯，就像是侨胞的一颗"定心丸"，无论遇到多大困难，在它的引领之下，我们必将继续坚定前行。

助力华商回国开启新领域

　　如果说当年决定回家乡投资房地产是因为受了 CCTV-4 新闻报道的直接启发，那么，回国投资网络和电子商务更是直接受了 CCTV-4 的影响。可以说，CCTV-4 关于网络经济的一系列报道对我回国介入网络经济领域起到了决定性的作用。记得是 2012 年初夏的一天，CCTV-4《中国新闻》节目里关于中国互联网经济快速发展的报道深深吸引了我，那时我就在想，为什么欧洲经济那么发达，但互联网经济的发展高地却是中国？既然互联网经济快速发展的态势已经确立，那么，我们华商是否可以回国介入这个领域？因为在海外取得成功的每一位华商都有一个共同的心愿——回国投资，只有在祖国取得成功，那才是引以为豪的、真正的成功。

　　后来，我带团回国考察期间，专门拜访了互联网方面的专家，当然，也包括央视的专家，他们给了我很多客观、权威的参考意见。有了央视的引导和专家的指点，我迈入互联网经济的意志越来越坚定。但是，究竟在

《中国新闻》关于互联网经济的报道

CCTV-4 意大利罗马海外观众座谈会暨海外观众俱乐部授牌仪式现场

北京发展还是在浙江发展，我一直举棋不定。于是，我继续请教这一领域的专家，应该说，专家的意见对我的帮助非常大。说实在的，能回国投资在网络经济领域立足，源头就是因为有 CCTV-4 的一路陪伴。

对很多旅意侨胞来说，他们有的在 CCTV-4 里找到了归属感，拉近了与祖国的距离；也有的通过每天观看 CCTV-4 的节目，完成了知识的积累与更新。而我呢，CCTV-4 每天的陪伴，不仅让我学到了很多实用的知识，提升了自己的战略视角，更为自己事业的发展创造了源动力。

最后，我有一点建议，我非常希望 CCTV-4 能够像分析每天的热点新闻那样，开设新的节目，邀请各领域专家分析、点评，帮助海外的华商推介和分析回国投资新的领域和方向，与海外华商互动。时代在不断地前进，仅仅提供新闻资讯已经无法精准地引导海外华商回国发展。我期待能有更多的年轻一代华商，在 CCTV-4 里面寻找到自己与祖国经济的最佳契合点。

一叶直抵心灵的文化轻舟
——CCTV-4 与华人华侨

[澳] 余俊武*

自 1992 年 10 月 1 日央视中文国际频道开播，至今已 25 年。自 1995 年央视中文国际频道落户澳洲，到现在也有 22 个年头了。2013 年，央视中文国际频道在悉尼建立了全球第一个海外观众俱乐部。今天，通过卫星传输、网络电视和其他传播渠道，央视中文国际频道的节目更是走进大洋洲华人华侨的千家万户，被大多数侨胞认同和喜爱。

连接祖国和海外侨胞心灵的桥梁

如果说中央电视台是华夏文明长河里的一艘大船，那么中文国际频道则是一叶文化的轻舟。她荡过九曲十八弯，直抵海外侨胞的心扉，送来祖国酷炫的民族风和多姿多彩的国际情怀，为我们搭建起温馨的电视之家。

有朋友这样形容中文国际频道推出的栏目：中国新闻的及时雨，亚洲前进的哨卡，时事大事的解码器，走遍中国的四季风，华人华侨的风雨

* 余俊武，国务院侨务办公室专家咨询委员会委员，澳大利亚华人文化艺术界联合会主席，CCTV-4 澳大利亚悉尼观众俱乐部负责人。2016 年荣获 CCTV-4"中华之光——传播中华文化年度人物"。

余俊武（左二）全家在 2016 年"中华之光"颁奖典礼上

历程，海峡两岸的知情人，老外"插队"中国的凡人轶事，她还是中医中药的百宝箱、温暖心灵的文艺知音……中文国际频道就像一架空中桥梁，连接起祖国大陆和五洲四海侨胞友人的心，让亲情不再遥远，让乡情更加浓郁，让友情长长久久。

　　我连续收看了《记住乡愁》这部大型史诗纪录片。随着每一集节目的播出，华夏民族朴实、诚信、以德载道的精神特质层层展现。在每一个传奇故事发生的地方，在每一处古老文明凝聚的时段，在每一帧让人泪光泛起的镜头下，绵绵流淌着中华

《记住乡愁》节目

文化的活水。对比感受祖国改革开放以来的巨大变化，我们要守住这一代人，也是世世代代中国人精神文化的根。这是中文国际频道为我们海外华人华侨酿造的一壶沁人心脾的醇酒！

文化走出来，融进去

在悉尼内西区有一家华人海鲜餐馆，墙壁上的电视反复播放着用澳洲特有的大青蟹制作"粤菜金沙蟹煲"的过程。干湿相宜、金灿灿的粉丝，配以大洋洲青蟹独特的鲜香，造就了中西合璧的美食境界，款款飞出电视屏幕，引来大批食客大快朵颐！这正是中文国际频道制作的一档饮食文化节目的一个片段，也是她深入海外社区，推进电视节目本土化的一段花絮。像这样贴近海外社区生活的报道，让我们感觉中文国际频道就在身边，可近、可亲、可敬。

《华人世界》"一味一故事"系列节目

文化走出来，又如何融进去？如何让它成为人们日常生活中的重要组成部分？本土化尤为重要。多年以来生活在海外的华人华侨对中华文化的渴望蕴含着巨大的能量，如何回应这种渴望，依靠这种能量走本土化的道路，通过对资源的整合，不断推陈出新，用专业的素质和水准去逐步达到市场本土化的运行，在这点上，中文国际频道还有很长的路要走。

余俊武参加国务院侨务办公室专家咨询委员会成立大会

中华文化源远流长，中文国际频道这叶精神文化的轻舟，承载着内地和海外中国人美好的愿望，穿梭于多元文化广阔的海洋陆地，推进不同种族精神文化的沟通交融，必将得到海外华人侨胞和国际社会更广泛的认同和推崇。

乡心新岁切　春晚共此时

詹　亮[*]

　　春晚，展现了中国人关于家、亲人和故乡最朴素的记忆与情怀。春晚，也是全球华人对于春节的共同记忆，是全球华人在异国他乡过年必不可少的文化大餐。对于海外华人来说，春晚更像是连接海外游子与祖国母亲的"脐带"，在这阖家团圆的节日里，通过观看春晚寄托思乡之情，了解祖国变化。

　　26年身处异国他乡，春晚伴随我们全家走过了25个春秋。从20世纪90年代初冒风险在公寓楼屋顶装卫星天线收看春晚；到CCTV-4落地葡萄牙，通过电视收看春晚；再到2016年全家祖孙三代亲临春晚现场……春晚，像一条文化纽带连接着我们与祖国，拉近了我们与祖国的距离。

见证春晚"家宴"，与时俱进

　　算起来，我初到葡萄牙这个南欧国度竟已是26年前，当初意气风发

　　* 詹亮，葡萄牙资深媒体人、爱国侨领，CCTV-4葡萄牙里斯本观众俱乐部负责人。2016年CCTV海外观众看春晚获邀代表。

中央电视台春节联欢晚会现场

的青年如今已年过半百。1992 年初，在海外度过的第一个春节，没有鞭炮辞旧岁，更没有春晚的龙腾虎跃。春节就像是橱窗中拥有无限魅力的奢侈品，我只能望而叹息。家乡的亲人了解我独在异乡的苦楚，千方百计为我寄来春晚的录像带，只是等这份礼物到达葡萄牙时已快到夏天。

　　后来，科技的进步让我开始做起了看春晚直播的梦。当时家用卫星接收器竟然要 15 万葡币，相当于一个普通工人近 3 个月的工资。斗不过内心对春晚的热烈渴望，我一咬牙硬是拿下了这个我来欧洲以来最大的"奢侈品"。

　　听说我买了卫星接收器的亲戚、朋友、老乡们，甚至许多素未谋面的华人朋友主动聚集到了我家，小小的房子里围了将近 20 个人，大家你一言我一语，想要集中智慧让 CCTV 的信号降临里斯本。经过两天的调试，远在葡萄牙的华人朋友们终于第一次看到了春晚的直播。至今，我还享有"里斯本华人圈超级工程师"的美誉，因为那时常常有朋友要我帮忙安装卫星接收器，我也是乐此不疲地爬屋顶帮助每一个同胞。这一切都是因为我深刻明白海外华人对于春晚的情愫，我们这些异乡客们因为有了春晚才有了完整的春节。

　　而今随着互联网的高速发展，CCTV-4 通过葡萄牙有线电视频道、IPTV 及移动客户端等多种形式落地葡萄牙，看春晚更成了每一家葡萄牙华人必备的过年大餐。春晚，让客居海外的乡愁得以安放。

现场看春晚，终于圆了梦

　　2016 年，CCTV-4 面向海外观众开展"除夕夜，央视邀您现场看春晚"活动。我积极参与，最终一家三代人非常幸运地获得了央视猴年春晚的门票。

　　得到了莅临春晚现场的机会，一家人激动的心情无以言表。父母亲精

詹亮（右一）与家人在 2016 年央视春晚现场

心挑选了唐装作为出场礼服，儿子也准备好了最帅的衬衫，搭配上火红的围巾。祖孙三代怀着无比激动的心情来到了央视猴年春晚的演播大厅，踏上红毯、接受采访、与众多熟悉的春晚面孔近距离接触，我们感觉自己就像明星一样，兴奋至极。

在春晚现场，我们强烈地感受到了春晚向我们传递着中国的发展、民族的兴旺、故乡的温情，也让在海外长大的孩子与中华文化亲密接触，激发他们对中华优秀文化的浓厚兴趣。晚会过后，我们一家人又接受了采访。一时间，我们成了乡亲们眼里的明星，大家通过各种方式分享着我们在春晚中的镜头、采访画面，一家人陶醉其中，久久不能忘怀。

我作为中文国际频道葡萄牙里斯本观众俱乐部的负责人，也将此次春晚之行的所见所闻第一时间分享给俱乐部的朋友们。我们建议春晚在海外也设立分会场，希望在海外的游子更深入了解祖国与家乡的同时，也让祖国看到他们的奋斗足迹与故事；希望通过海外分会场吸引更多喜欢中国文化的外国粉丝，把中国文化广泛传播到世界各地，让全球人民及时、直观地了解当下中国。

我们海外游子已不仅仅是一名名普通观众，而是中国文化的宣传员。通过春晚的舞台，我们海外华人华侨强烈感受到中华民族伟大复兴的脚步。无论在地球的哪个角落，我们都能深刻地感受到中华民族的团结统一，感受到中华文化的博大精深，感受到我们正在实现中华民族伟大复兴的中国梦！

乡心新岁切，春晚共此时；和风开画卷，华夏景长新。衷心祝愿我们伟大的祖国蒸蒸日上，繁荣富强！

CCTV-4葡萄牙里斯本海外观众俱乐部成立仪式现场

养分雨露，系梦同行

——祝贺 CCTV-4 开播 25 周年

[哥斯达黎加] 黄耀佳*

自 CCTV-4 在哥斯达黎加落地，我收看 CCTV-4 的节目已经 20 多年了，几乎从不间断。通过看节目我学到了许多有用的东西，得到了不少启发，对祖国的热爱也逐日倍增。是 CCTV-4 给予了我养分雨露，让我与她一起系梦同行。

侨胞了解祖国的重要途径

我是 1981 年到中美洲的哥斯达黎加的。当时的哥斯达黎加共和国，仍然维持着与中国台湾地区的外交关系，对中国大陆的报道非常少，或多是负面消息。

从 20 世纪 90 年代开始，我就开始参加哥斯达黎加各种华人社团活动，曾担任过中哥工商联合总会的理事、秘书长、副会长和会长。据我了解，与中国距离遥远的哥斯达黎加侨胞，过去只能够通过美国的 CNN、

---

* 黄耀佳，1981 年移民哥斯达黎加，曾任哥斯达黎加中国和平统一促进会副会长。2013 年 CCTV-4 海外观众联谊活动获邀观众代表。

英国的 BBC、西班牙的新闻和电视节目了解祖国。即使在交通如此发达的今天，他们也不可能经常回到中国，感受中国日新月异的进步。所以，CCTV-4 的电视节目就成了生活在哥斯达黎加的侨胞了解中国必不可少的途径。

除此之外，当我逐步走进哥斯达黎加的主流社会时，如何给哥斯达黎加人介绍改革开放后不断发展的中国，如何讲好中国的故事就成了我亟须解决的问题。这时，看央视中文国际频道的节目给了我很大的帮助。

CCTV-4 的电视节目能快速、准确、全面地介绍中国。我从《中国新闻》《今日关注》和《海峡两岸》节目中找到资料与根据。从政治体制到经济发展路线，从国内的改革开放到国际上的合作共赢战略，我从电视节目中获取有用的信息，把

黄耀佳参加新中国成立60周年阅兵式

中国的现实情况传递给当地的朋友，解开他们对中国的各种疑惑。例如，他们很想知道中国经济的奇迹，中国如何能够创造 GDP 每年接近两位数的经济增长。又如，中国对拉美国家的政策，对南南合作的支持和态度。

助力中哥友好关系进一步发展

为了配合中国外交需要，促进两国政府的交往，增进他们对中国的了解，我曾帮助邀请并陪同哥斯达黎加的议会议员和大法官访问中国，增加

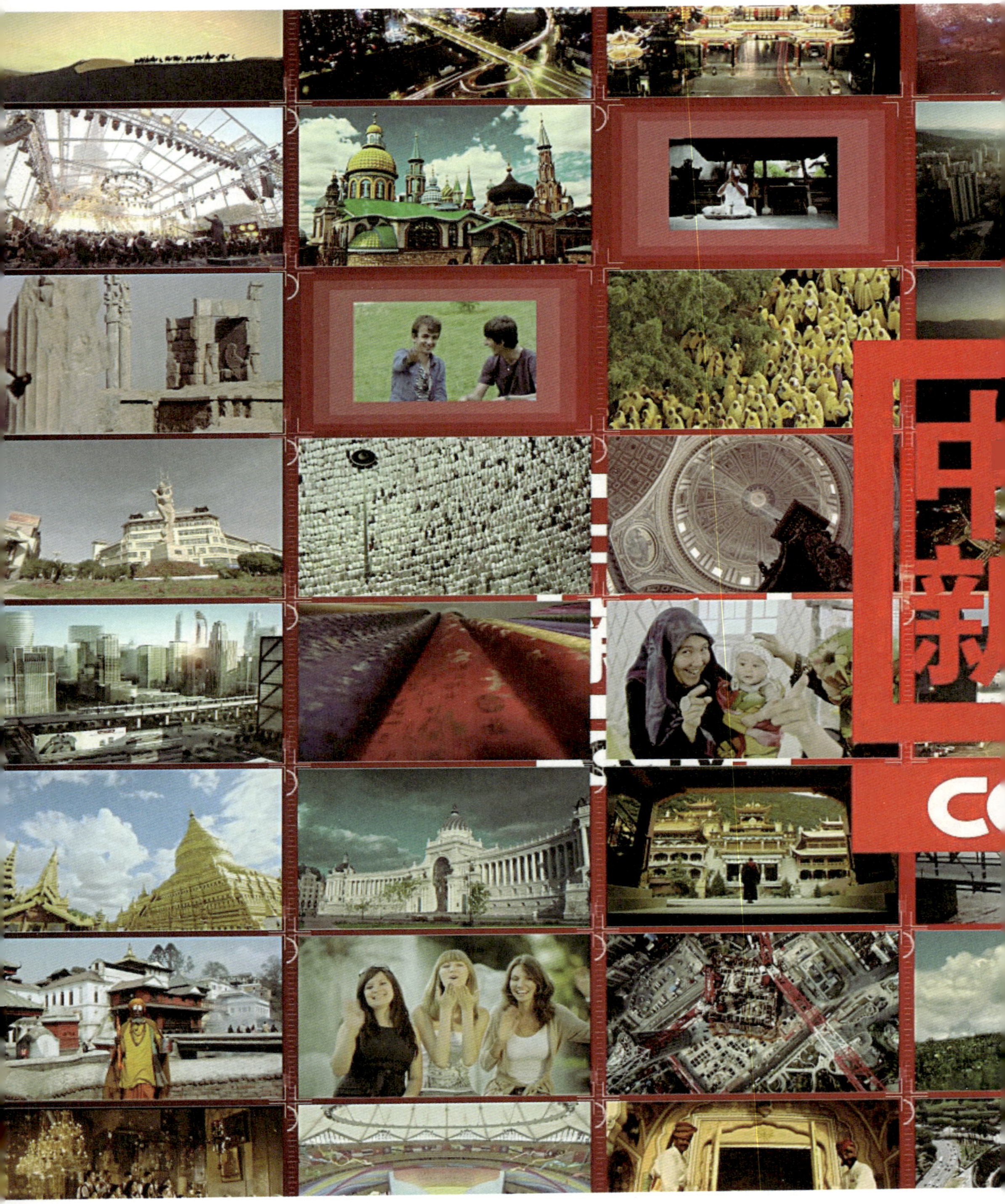

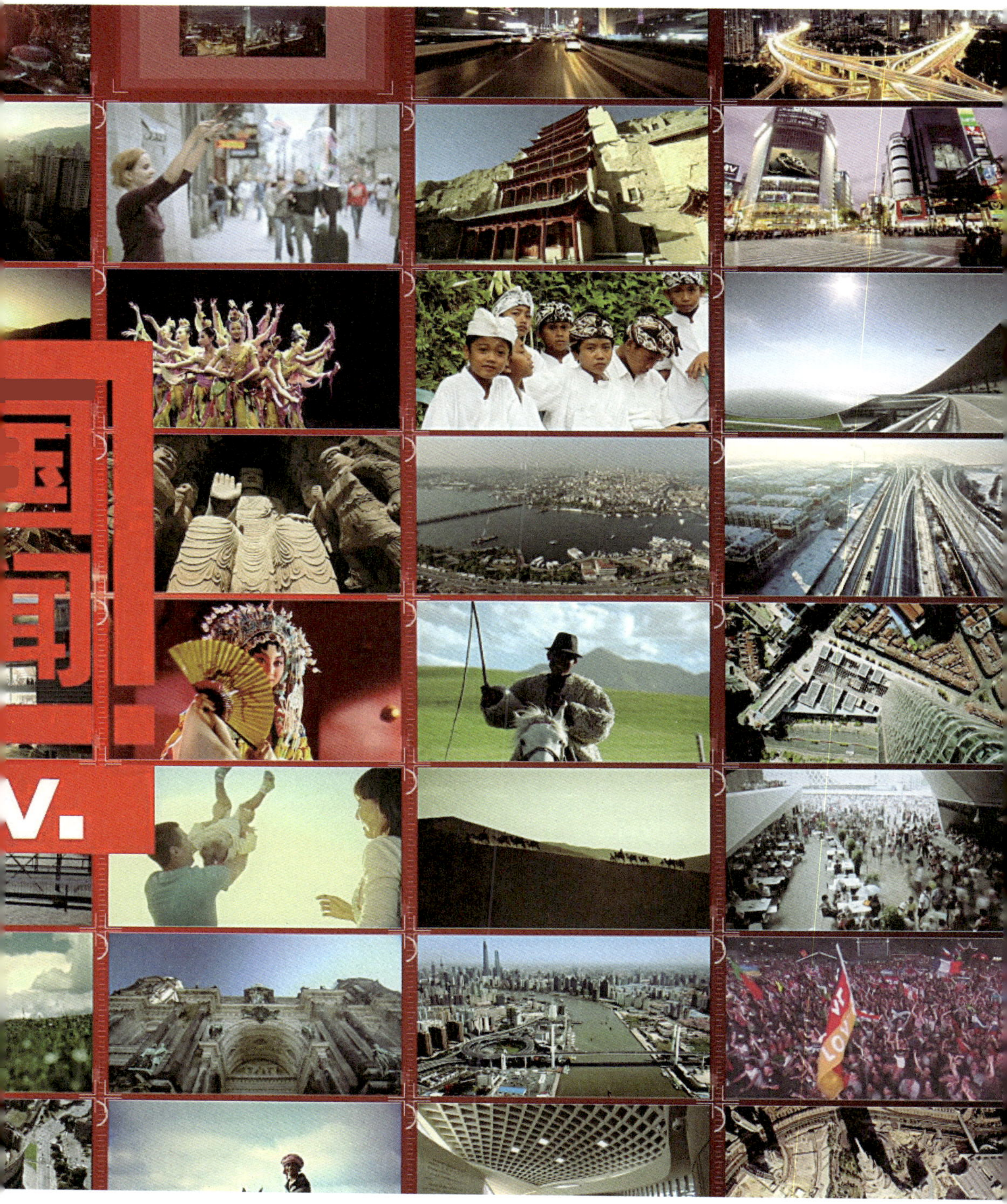
v.
LOV

了两国高层之间的了解和互信。通过访问，他们既了解了中国的历史，又能直接触摸中国的现状，对中国特色社会主义有了更深刻的认识，改变了他们对中国原来的看法。

2007 年 6 月 1 日，对于改变中国和哥斯达黎加两国关系是一个十分重要的日子。6 月 7 日，CCTV-4 的新闻节目报道了中华人民共和国和哥斯达黎加共和国关于建立外交关系的联合公报的消息。听到这一消息，侨胞们奔走相告、电话道贺、筹备庆祝活动。同年 11 月，哥斯达黎加总统阿里亚斯第一次以总统的名义访华，就在那一天，我带了一批哥斯达黎加华人到中国寻根，我们一起在插满中国国旗和哥斯达黎加国旗的天安门广场合影留念，那是多么激动人心的情景啊！

常常看 CCTV-4 的节目不仅能了解中国的发展，还能学习在他国的华人华侨如何参与中国复兴的经验，从中得益不少。中哥建交已经整整十年了，经济交往既是发展国与国之间关系的先导，又是深化两国关系的基石。所以，中哥建交后，我着力推动中国和哥斯达黎加的经济和科技交流，立意帮助中国企业"走出去"，寻求两国的合作项目，发掘两国企业互利合作的切入点，探索更多互补的可能性。特别是

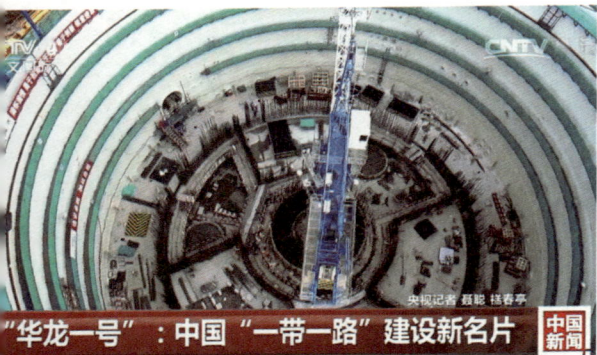

《中国新闻》关于"一带一路"的报道

CCTV-4 关于中国"一带一路"建设的一系列特别报道，给了我很多的启迪。经过几年的摸索，我发现中国与哥斯达黎加在农业方面有广阔的合作前景。从引进良种到推广先进的栽培技术，特别是在共同培育杂交种子方面，两国已经取得了很好的进展，并被列为中国科技部与哥斯达黎加农业部的国际合作项目。希望此举可以惠及两国与两国人民。

20 多年来，我一直是 CCTV-4 的忠实观众。观看 CCTV-4 节目，能吮吸到中国文化的营养和魅力，更多地了解中国、了解世界，激励爱国情怀，更加热爱祖国。CCTV-4 这个渠道实在太重要了，包括我在内的哥斯达黎加侨胞，已经把看 CCTV-4 的节目作为汲取中华文化、了解中国的重要源泉。CCTV-4 把华人和祖国的心系在了一起。

在此，我对 CCTV-4 表示衷心的感谢！祝愿 CCTV-4 生日快乐、越办越好！希望 CCTV-4 继续给全体海外华人华侨带来更多的祖国关怀，拉近同胞们与祖国之间的距离，为实现中华民族伟大复兴的中国梦作出更大的贡献。

中国力量，引领我不断前行

[墨西哥]　焦美俊*

　　1994 年，我离开国门来到遥远的墨西哥高原。一切似乎都在慢慢适应中，渐渐地，玉米为主食的墨餐也吃得津津有味，无规则的街道也可以穿梭自如，在工作中西班牙语交流基本无障碍。然而，生活中我时常会感到缺失一些东西，特别是工作之余，感觉心情不畅、脚步不踏实，那是一

焦美俊在家中观看 CCTV-4

种很难用言语表达出的感觉。思来想去，我认为这种感觉其实就是精神方面的空虚，这种空虚是缺少与自己文化的亲密接触造成的。说白了，我的生活已经离不开自己的文化传统，那就是中国文化。

　　1996 年，中央电视台中文国际频道在墨西哥落地，

她就像是在荒漠中的一片绿洲，给我空虚的精神带来了许多慰藉。有了CCTV-4 的相伴，一下子就有了家的感觉。20 多年了，CCTV-4 已经成为我生活中不可或缺的一部分，丰富立体的节目满足了我对祖国的思念、对故乡的思念、对亲人的思念。

百年奥运中国力量

相信所有的炎黄子孙都对 2008 年记忆犹新，百年奥运在北京举行，身在海外的我，与每个国人一样激动万分。当 2008 年 8 月 8 日，北京奥运会开幕式的直播画面通过 CCTV-4 传到我的眼前的那一刻，我激动得简直说不出话来！为了这一刻，我盼望了许久，等待了许久。感谢 CCTV-4，

2008 年北京奥运会开幕式现场

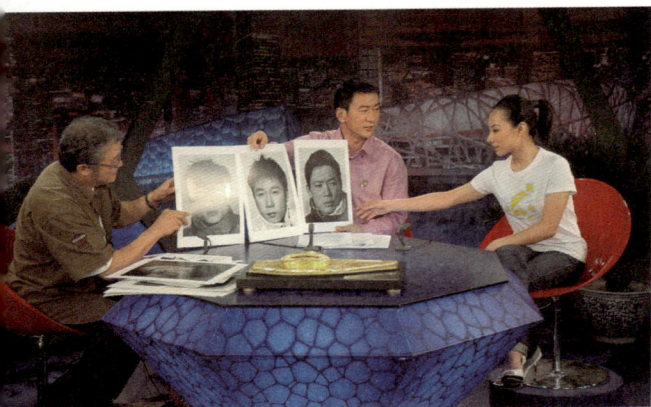

2008 年 CCTV-4《奥运中国》特别节目演播室访谈现场

一次又一次为海外观众分享惊喜和快乐。

由于时差的原因，CCTV-4 转播的奥运会开幕式时间正是墨西哥的上班时间。然而，我的目光早已被屏幕所吸引，美轮美奂的开幕式画面、中国体育健儿摘金夺银的场面震撼着我的心灵。此时此刻，我的世界只有北京奥运会开幕式，只有美丽的中国红！

此后的十几天，是我身处异国他乡最为快乐的时候。感谢 CCTV-4，将奥运精神及时传到海外华人的面前，将中国人的精神和力量及时传递到海外华人的生活中。中国健儿勇夺 51 枚金牌的精彩瞬间，51 次升起五星红旗和奏响《义勇军进行曲》的庄严时刻，都成了激励我克服困难、勇往直前的最为宝贵的精神财富。

祖国和平统一是我一生的不懈追求

回顾自己的生活足迹，虽然 20 世纪 90 年代走出了国门，但却与中央电视台中文国际频道结了缘，而且是一辈子的缘。起初看 CCTV-4 多半是为了慰藉空虚的精神世界，后来看 CCTV-4 则成了生活的一部分。

每天新闻节目是我必看的，我视它如同我的一日三餐。另外，作为墨西哥中国和平统一促进会会长，我特别喜爱《海峡两岸》这个栏目。它及时传达中央对台工作的方针政策，邀请两岸嘉宾深入探讨两岸关系发展趋势，这个节目是我们在海外从事和平统一大业工作者的良师益友。

我和我的同事分别于 2005 年和 2016 年主办了"中南美洲中国和平统一促进会年会暨两岸关系墨西哥论坛"，这也得益于《海峡两岸》栏目传递的中央对台工作方针政策的指导，它为我们办好大会、准确把握大会主题提供了很好的信息源。特别是 2005 年年会，CCTV-4 专门派出团队报道大会情况，并制作专题片《推动海峡两岸关系发展的积极举措》在《海峡两岸》节目中播出，给我们墨西哥中国和平统一促进会以巨大支持和鼓励。这种鼓励也成为我们在海外自觉推动祖国和平统一的源动力之一。

2017 年 6 月 12 日，CCTV-4 又传来重磅消息，南美国家巴拿马与中国大陆建交，断绝与台湾地区的任何官方关系。这个消息对于身居拉美的同胞，特别是从事和平统一工作的人士来说，既收获了成功的喜悦，也为祖国统一大业向前迈进一大步而感到骄傲。

中南美洲中国和平统一促进会 2016 年会暨两岸关系墨西哥论坛现场

　　20 多年过去了，CCTV-4 传递了多方面的正能量。毫不夸张地说，CCTV-4 是联系我们海外华人华侨与祖国的纽带，它早已成为我们生活中的一部分。我们在海外接收到的是中国力量，这种力量过去、现在一直鼓舞着我们不断前行。我深信，未来，中国力量必将伴随海外华人实现我们在异国他乡的中国梦！

26 年艰苦岁月的精神支柱

江永生[*]

2017 年是中央电视台中文国际频道开播 25 周年，而我在海外生活了 26 年。1991 年，我随中国医疗队第八队援外医疗队来到非洲。非洲的生活条件远比国内差，语言障碍，文化差异，贫穷落后，时有土匪抢劫，疟疾、艾滋病、传染病严重泛滥，每日的工作都繁重、艰难。但在海外工作的这些年中，我通过 CCTV-4 这个窗口获得新知，感受着祖国的脉搏、民族的振兴、文化的传承，也见证了中央电视台在国际影响力上的不断增强。CCTV-4 是我海外生活的精神支柱和力量，伴随我在莫桑比克度过了 26 年艰苦的岁月。

精彩节目助力海外和平统一事业的发展

1991 年，我从四川泸州医学院（现为西南医科大学）远赴非洲莫桑比克，先后在马普托中心医院和军队总医院从事中医针灸服务 26 年，治疗病

* 江永生，莫桑比克军队总医院首席针灸专家、总统保健医师，莫桑比克中国和平统一促进会会长，全非洲中国和平统一促进会副会长。2012 年、2013 年 CCTV-4 海外观众联谊活动获邀观众代表。

人达25万人之众。这其中最特别的一位是莫桑比克前总统希萨诺,我曾出任他的保健医师,与他以及莫桑比克的众多政要结下了深厚的友谊。

除了总统保健医师,我在莫桑比克还有另外一个头衔——莫桑比克中国和平统一促进会的会长。莫桑比克中国和平统一促进会创立于2002年,旨在争取国际社会理解和支持,努力融入莫桑比克主流社会,向莫桑比克国家元首、政府部门及当地民众宣传中国和平统一政策,捍卫国家和民族的尊严。

在中国大使馆的支持下,希萨诺于2002年8月致信给我,决定出任莫桑比克中国和平统一促进会的名誉主席,成为全世界第一位担任和平统一促进会荣誉职务的国家元首。一位国家元首出任这样一个机构的名誉主席,无疑是我们在促进和平统一的工作中取得的重大成果。2015年11月在南非全球华侨华人促进中国和平统一大会上,希萨诺用长达33分钟的讲话表达了他个人、他的政党对中国和平统一事业的支持和对中国人民的深厚感情,他说:"莫桑比克自独立之时,就支持中国和平统一事业,莫

江永生与莫桑比克前总统希萨诺及其夫人合影

江永生与希萨诺家乡儿童合影

桑比克解放阵线党一直将支持中国和平统一视为一项基本国策和政策。"

　　这一切成果的获得都离不开CCTV-4。远在非洲，每天只有通过收看CCTV-4的节目，才能及时获取国内的各类资讯。在《中国新闻》《海峡两岸》《华人世界》《天涯共此时》《中华医药》等栏目播出后，我都会及时将录制的录像带给莫桑比克总统、莫桑比克政要及华人华侨们观看，并向华人华侨、莫桑比克总统和政要们宣传中国，让他们了解中国日新月异的变化。所以，莫桑比克中国和平统一促进会取得的重大成果，与CCTV-4作为一个媒体强大的传播功能是分不开的。通过CCTV-4丰富多彩的新闻、评论、文化、专题等节目，也让莫桑比克华人华侨深切地感受到祖国的强大，对蔡英文反历

《海峡两岸》节目

史潮流的"台独"行为深恶痛绝，认定祖国统一乃大势所趋，同时"反独促统"任重道远。

20多年来，我共录制了CCTV-4节目磁带1400多盘，每盘时长180分钟，这些都是我宝贵的精神财富。我精选了其中的800多盘作为历史存档，将其命名为"我的家庭磁带博物馆"。从莫桑比克退休回国，我花了2000多美金运费自费把这些磁带带回中国。尽管经历了很多波折，但我从来没想过放弃和销毁它们，因为这些磁带承载了我这20多年来对祖国、对CCTV-4的感情，它们是无价之宝。

江永生自费运送回国的800多盘CCTV-4节目磁带

26年的朝夕相伴让我充满力量

2013年10月，CCTV-4一年一度的海外观众联谊活动如约而至，我非常荣幸地成为20名特等奖海外观众之一，来到北京参加颁奖晚会。我曾代表海外观众代表发言，感谢中央电视台对我们工作的支持，并许诺我将认真回顾历史，退休后写点心得体会，出一本电视观后感专辑，以表达CCTV-4多年来帮助和指导我的感激之情，它也是我对事业和文化的一种追求。

江永生在CCTV-4海外观众座谈会上发言

　　我曾编著有《莫桑比克十五年亲历记——反独促统专辑》《莫桑比克
十八年——总统与医生》《我的中国梦与非洲情》等著作，现在正在编著《江
永生文集》，对 26 年莫桑比克的医疗和促统工作进行总结。这本书尚未出
版就已经受到大使、海内外华人华侨的鼓励和赞扬，这些赞誉使我感到十
分欣慰，深受鼓舞。

　　行医五十载，促统半世纪。莫桑比克 26 年艰苦岁月与 CCTV-4 的同
行，让我感到精神抖擞、充满力量。我定当继续努力，为祖国统一、中医
中药事业和中华文化的传播贡献毕生精力！

CCTV-4 记录发展

[新西兰] 孙安培 *

2017 年 4 月 28 日，我按时打开 CCTV-4《中国新闻》节目。突然，眼前一亮，一个崭新的节目片头映入我的眼帘，《中国新闻》换上了让人耳目一新的节目包装！从北京以中文国际方框标志逐步扩展开来的画面，随着音乐声送达全球。当时我兴奋得难以自抑，奔向电脑边，向在远方的 CCTV-4 观联组发去我的感想。当我按下确认键送出信息时，思绪仿佛进入了时空隧道，带我回到 30 年前……

初来异国，思念祖国觅乡音

20 世纪 80 年代末，我只身来到那个远离大陆架的地球最南端的太平洋岛国——新西兰。初次离开出生地，来到一个陌生的国度，徜徉在充满咖啡味的

2017 年 CCTV-4 全新频道包装亮相

---

* 孙安培，1989 年移民新西兰，多年来致力于在新西兰积极宣传和促进中华文化传播。2014 年 CCTV-4 海外观众联谊活动获邀观众代表。

街头，我的内心却渴望得到来自家乡的
讯息。

　　一个普通的白天，我在街上看到一
个小小的招贴，竟然用中文写着，说
可以租到中文录像带。我迫不及待赶去
选借了些，观看其中的一个月前的央视
节目的录像。如荒漠甘泉，我拼命关注
着每一个细节，了解祖国的点点滴滴。
1990年底，家庭生活逐渐稳定下来，我
也从租房到拥有了自己的房子。我找人

孙安培和夫人在自家卫星接收器前

在自家院内安装了卫星接收系统，从"泛亚2号"卫星上看到了来自北京
的图像，这对于一个海外游子来说，是多么重要的转折点啊！

　　1992年10月1日，是我难忘的日子。北京时间18点整，CCTV-4开
始播出了！我特地去购置了背投大屏幕电视机，迫切观看来自祖国的节目
内容。再到后来，CCTV-4的电视节目在新西兰全国免费收看了。两个遥
远的国度一下子拉近了距离，中国，这个距离新西兰遥远的国度的面纱，
也逐渐被揭开了。CCTV-4不仅进入了华侨华人的家，也使得当地居民更
加方便地了解真实的中国。

加强交流，见证中新友好关系不断升级

　　记得那是伊拉克战争期间，虽然炮声离新西兰很远，但由于新西兰有
派人员前往，所以事件格外引起本地人的注意。CCTV-4当时针对这一事
件第一时间作了全面、及时、接地气的报道，在这之后，越来越多的同
事、朋友向我打听中文国际频道，想要了解中国。

2008 年新西兰政府和中国政府正式签署《中华人民共和国政府和新西兰政府自由贸易协定》，建立了中国—新西兰自由贸易区，这是新西兰历史上划时代的事件。许多朋友都来问我，为什么中国会和新西兰签订协定？我对他们说，中国人是实在的朋友，新西兰是第一个承认中国市场经济地位的发达国家，也是第一个与中国开展双边自由贸易协定谈判的发达国家，中国不会忘记老朋友，中国是按客观事实办事的可信赖的伙伴。

2014 年，《中国新闻》节目报道了新西兰总理约翰·基访问中国。同年，中国国家主席习近平访问新西兰，双方发表了自 1972 年 12 月建交以来首份双边关系联合声明，确立了建立全面战略伙伴关系。

在这几年中，我亲眼见证了中新关系的全面升级，本地的中文电视台目前已经发展到四个，其中有一个全天 24 小时转播 CCTV-4，其他各中文电视台也大篇幅转播 CCTV-4 的节目。中国的形象深入人心，中国的品牌也已进入新西兰的千家万户。同时，据 CCTV-4 报道，在中国市场上，新西兰的水果、牛羊肉、乳制品也比比皆是。

科技的合作、军舰的联合训练、国际舞台上的沟通等等，CCTV-4 用最真诚的报道告诉人们，在不同政体、不

CCTV-4 关于中新友好合作的报道

同意识形态、不同发展
水平的国家之间，合作、
发展才是推动历史不断
前进的正途。

《中国新闻》正播送
着新西兰高级代表团参
加"'一带一路'国际合
作高峰论坛"的报道；微
信里传来了因 CCTV-4
海外观众联谊活动结识

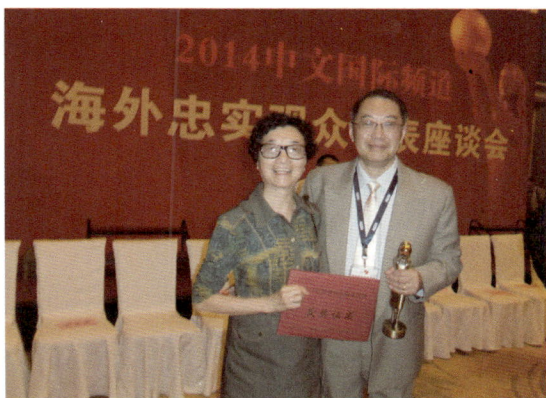

孙安培和夫人参加 CCTV-4 海外观众座谈会

的各国朋友们给我发来的照片；邮箱里跳出了 CCTV-4 观联组的回复"来
稿已收到，谢谢"……

时空，记载着发展，记载着进步。

祖国和我，我和祖国

[澳] *沈志奇*　*

　　自 1995 年自费到澳大利亚攻读博士学位，一转眼已经有 20 多年了。当年刚到这个陌生的国度，举目无亲，半工半读，业余生活十分贫乏。

《中国文艺》节目

　　*　沈志奇，澳大利亚联邦科学与工业研究组织（CSIRO）制造业研究院中国事务主任、首席研究科学家。2014 年 CCTV-4 海外观众联谊活动获邀观众代表。

CCTV-4 成为我了解祖国发展变化的窗口，慢慢地，收看 CCTV-4 成了我生活中的一个习惯。20 多年来，随着 CCTV-4 精彩栏目和内容的增加，我越来越离不开她了。

丰富多彩的节目助力二代华人教育

我的孩子中最小的一个是 2005 年在墨尔本出生的，上学以后，他认为自己就是澳洲人，中国只是爸爸妈妈的祖国。这让我们很头疼，于是便开始有意识地让他和我们一起看 CCTV-4 的节目。墨尔本晚餐前后的时间里，经常播放的栏目有《中国文艺》《国宝档案》《远方的家》《城市 1 对 1》《快乐汉语》和《中国新闻》，还有电视剧展播等等。有一次，他的中文作业要求用"遍"和"百"组词，他脱口而出"走遍中国""百山百川"，这种潜移默化的改变让我很欣慰！

2014 年，我被邀请到北京参加 CCTV-4 的海外观众联谊活动，我们决定一家三口一起去，带儿子回中国感受一下。在台里参观和开展座谈会的那天，正好是孩子 9 岁的生日，他和 CCTV-4 的许多著名主持人的合影成了他有生以来最珍贵和最特别的生日礼物。回到墨尔本以后，他在学校里的"讲述与展示"（show and tell）环节，向老师和同学们讲述了他在中

沈志奇及家人参加 2014 年
CCTV-4 海外观众联谊活动

国的经历和见闻，他告诉同学们，他不仅是澳洲人，也是个中国人！他的讲述赢得了一片赞扬和羡慕。现在的他，每天放学回家都要看 CCTV-4 的节目，对待中文学习也更自觉了。CCTV-4 这个平台在他角色认同的转变中，发挥了我们家长很难施加的关键作用。

CCTV-4 的众多新闻类栏目使我们身在千万里之外，却能及时了解祖国的发展和变化；文艺类的许多栏目让我们能与祖国同欢同乐；而文化、专题类的节目还给我们的家庭带来了关键性的变化。正是因为有了 CCTV-4，我们的下一代才能对祖国有更形象、生动、真实的了解，与我们的祖国增加了千丝万缕的感情和联系。

不忘初心，与祖国同呼吸、共命运

我是一名科学工作者，受祖国教育多年。虽然已经出国 20 多年了，但是，无论怎样也改变不了我的中国心，改变不了我想为祖国奉献的初衷。

从 2012 年开始，除了科研，我还主动担当了与中国科研和企业联系的工作，从单纯地做科学研究向项目开发和商务发展转移，CCTV-4 在我的这个抉择中扮演了推波助澜的角色。CCTV-4 的新闻资讯让我实时了解祖国的政策、科研的需求、市场化的可能性，让我更有信心做中澳科技交流和技术转让的桥梁。另外，通过和 CCTV-4 海外观众微信群里五湖四海的朋友们的交流，也使我了解到不少海外华人都在积极努力做着同样的事，我并不孤单。

CCTV-4 不仅仅播出各种精彩节目，让我们为祖国的蓬勃发展而欢欣鼓舞，还组织各种互动活动，让观众有了一个实实在在的倾诉对象。我们能够通过给节目栏目提意见、反馈感想，通过俱乐部活动推广 CCTV-4，

CCTV-4 部分海外观众俱乐部

　　使她更加深入人心，真真切切地为塑造中国在世界的形象作出自己的努力和贡献。滴水汇百川，我们海外华人愿意做大海浪花里的一滴水。

　　2012 年 CCTV-4 墨尔本海外观众俱乐部成立，我积极参加、热心张罗，并在 2014 年当选了俱乐部的秘书长。2017 年 4 月，我参加了海外观

CCTV-4 澳大利亚墨尔本观众俱乐部

众自发组织的首次"回娘家"活动。在 CCTV-4 的几次座谈会上，我们畅所欲言，赞美、批评、建议，大家聊得热血沸腾。

这些年，我亲身感受到有华人的地方就有中华情，我真切地了解到 CCTV-4 在海外华人心中的崇高地位和巨大能量！CCTV-4 这个平台和渠道深化了我们海外华人心中对祖国的未了情怀，丰富多彩的互动活动为我们海外华人向祖国表达眷恋之情、贡献意见建议提供了有效的平台和渠道。CCTV-4 早已成为我和像我一样的无数海外华人生活中不可或缺的精彩部分！

CCTV-4：我海外生活的良师益友

[澳] 孙浩良 *

中国中央电视台中文国际频道开播 25 年了。要说我和 CCTV-4 的缘分，还真是非同一般。它不但与我创办的澳大利亚新金山中文学校"同庚"，在日常教学中为我的课程"添砖加瓦"，对于我个人而言更是思想上的"指导员"。从一名普通的华文学校创始人，到多次接受央视采访、参加颁奖典礼，再到被评为"中华之光——传播中华文化年度人物"，和 CCTV-4 的缘分助力我实现了人生境界的不断提升，而 CCTV-4 也将一直是我海外学习、生活、创业的良师益友。

锦上添花的"校外辅导员"

25 年前，我发起创办了一所周末中文学校。我发现，由于学生们平时很少有接触、使用中文的机会，仅靠周末几个小时的学习时间远远不够，学生们常常前学后忘，学习兴趣也不大。有什么办法可以提高学生们

---

    *　孙浩良，在澳大利亚创办新金山中文学校，被国务院侨务办公室授予"华文教育示范学校"。曾获"杰出华文教育人士"称号，2015 年荣获"中华之光——传播中华文化年度人物"。

孙浩良在讲解中华传统艺术

的学习兴趣，让他们有更多一点学习中文的时间呢？

这时恰好有人告诉了我，中央电视台新近开播了一个中文国际频道，节目内容很丰富。这简直是送上门来的"校外辅导员"啊！于是，我建议家长们安排一些时间，让孩子们收看 CCTV-4 里的有助于学习中文、了解中华文化的节目，家长们欣然同意了。

果然，有了 CCTV-4 这个第一流的学习中文的"校外辅导员"，孩子们学习中文的热情大大提高。他们通过收看中文电视节目，不但听力进步很快，还积累了大量的中文词汇，更主要的是学到了许多中华文化知识。

我们中文学校里有不少来自粤语家庭的学生，学习普通话的发音很费劲，连老师都没信心纠正好他们的语音。有一次我偶然听到一位广东籍的女同学朗读课文，不但读得绘声绘色，而且发音很标准，我好奇地问她是怎么学的，她笑了，说是跟"还珠格格"学的。原来那时候 CCTV-4 正在播放电视连续剧《还珠格格》。

我曾在当地的一所大学里教中文。自从有了 CCTV-4，我经常把其中一些介绍中国风土人情的节目录下来，拿到课堂上播放给大学生看。通常是看三遍，第一遍由学生自己看，很多学生似懂非懂；第二遍由我领着看，边看边讲解；第三遍还是由我领着看，边看边提问。在这个循序渐进的过程中，我发现学生们个个兴致勃勃，教学效果也出乎意料地好。就这样日积月累，我"私刻"了很多 CCTV-4 的节目录像带，在我离开大学时全都作为教学资料留给了图书馆，而 CCTV-4 在教学上给予我的帮助则深深地留在了我的脑海里。

我思想上的"指导员"

在我的心目中，CCTV-4 不但是学习上的"辅导员"，更是思想上的"指导员"。每逢国内外发生重大事件，栏目组总会及时邀请一些专家、学者到节目中，就这一事件展开深入的分析评论。我最喜欢收看的便是这类节目，许多自己搞不明白的问题，经过专家们的分析点评，便豁然开朗了。

比如，近年来的美俄关系变得扑朔迷离，针对这一问题 CCTV-4 不仅经常介绍有关美俄关系的背景资料，而且还多次邀请有关专家学者在《今日关注》《深度国际》等节目上讨论、讲解。经过专家们的条分缕析，真实的美俄关系走向就变得十分清晰了。除此之外，《海峡两岸》也是我每档必看的节目，因为两岸和平与两岸关系的发展趋势，是所有在

《今日关注》美俄关系节目

《深度国际》美俄关系节目

孙浩良荣获 2015 年"中华之光——传播中华文化年度人物"

海外的中国人最为关心的事情。而这个节目恰恰为我们提供了最新鲜的资讯和最详尽的解析。

CCTV-4 的记者们也曾多次来我们学校采访，而我本人也不知不觉地成了 CCTV-4 的"常客"和"密友"，曾多次接受采访和参与制作有关海外华文教育的专题报道。每次回国，我总惦记着去中央电视台看望 CCTV-4 的老朋友们。在 2013 年"CCTV 全球侨胞中国梦"征文比赛中，我的《让世界上更多的人会说中国话》一文，荣幸地获得了特等奖，还应邀赴京出席了隆重的颁奖典礼。2015 年，我荣幸地被中央电视台等部门评为"中华之光——传播中华文化年度人物"。2016 年，我作为海外侨胞代表光荣地列席了全国政协会议，并再次参观访问了中央电视台。

我知道，所有这一切，都是我和 CCTV-4 结缘的结果！我从心底里感恩 CCTV-4，感恩自己的祖国和父老乡亲。我和 CCTV-4 的缘分，一定会永远延续下去！

海内存知己　天涯共此时

[美]　黄恩爱*

　　中秋，最早见于《周礼》，它凝聚着与家人团圆、与亲人团聚的幸福时光，是华夏儿女饱含故乡情的重要时刻。自 1996 年认识中央电视台中文国际频道开始，我和我的家人一直是 CCTV-4 的忠实观众，而在阖家团圆的中秋佳节之际，观看中央电视台中秋晚会也成为我们庆祝佳节的重要内容。2016 年我有幸被选为中文国际频道海外观众代表，与我的家人在西安大唐芙蓉园内现场观看了中央电视台中秋晚会。这场视觉盛宴带给我们无与伦比的震撼，在感受博大精深的中国历史文化的同时，也强烈感受到了现代中国的繁荣昌盛。

相知与相遇

　　说到与 CCTV-4 的结缘，那就要追溯到 1996 年，我先生 Billy 创立了全世界第一个电视网络平台 WCETV（银视网）。创立初期，虽有平台，

　　*　黄恩爱，美籍华人，祖籍台湾高雄，致力于中华文化在美国的传播与发展。2016 年 CCTV-4 海外观众联谊活动获邀观众代表。

却没有节目来源，Billy 拜访了中国领事馆，在他们的帮助下，认识了中国中央电视台，从此，银视网开始通过网络向全球播放中央电视台的节目，包括 CCTV-4 的节目。而我也是从那时起，开始收看中文国际频道。

　　我 17 岁从中国台湾移民到美国，在这之前，没有接触过中国大陆的人、事、物，对于中国大陆的一切事情都不甚了解。在工作与生活中，我开始意识到在美国的华人缺乏获取祖国信息的渠道。再加上有些长期旅美的华人，尤其是来自台湾地区的华人，对中国大陆的文化存在一些偏见，我开始致力于将来自中国的文化节目在美国洛杉矶地区进行传播，希望能

2016 年美国洛杉矶海外观众俱乐部成立现场

够由此打破偏见，促进文化融
合。虽然一开始推广 CCTV-4
只是工作的需要，但在了解节
目的同时，也从此喜欢上了它，
收看 CCTV-4 的节目也成为我
生活中必不可少的一部分。

黄恩爱在 CCTV-4 海外观众座谈会上发言

　　CCTV-4 的节目质量都非
常高，资料来源详细、内容丰
富多彩、拍摄手法专业、主持
人态度严谨，这些和台湾的电
视节目风格差异很大。后来，
我的许多台湾的客户、朋友也
都开始认识并喜欢 CCTV-4 的
节目。

黄恩爱和丈夫在 2016 年央视中秋晚会现场

团圆与传承

　　2016 年，作为 CCTV-4 海外合作伙伴，我接到募集海外忠实观众的工
作，希望能为 CCTV-4 推荐及寻找适合参加这个活动的观众。公司的同事
偷偷把我加到了推荐人名单里，他们知道我平时非常喜欢收看 CCTV-4 的
节目，还经常滔滔不绝地和客户介绍 CCTV-4 的节目，对 CCTV-4 的节目
如数家珍。所以当我接到 CCTV-4 观联组的通知，邀请我参加央视中秋晚
会时，我感到非常惊讶，同时也非常开心！在得知这次的活动是家庭行
程，并在中国的古都西安举行的时候，我的孩子们似乎比我还要兴奋，早
早地就做好了出行计划。

　　西安作为华夏文明的发源地，历史悠久，有着深厚的文化积淀。漫步古城墙下，观赏兵马俑，都能感受到古都历史的厚重。而如今的西安变成了一座古典与现代相结合的城市，繁华的街道、发达的交通和整齐的城市规划都让这座古都显得生机勃勃，展现出现代中国的繁荣与昌盛。我的孩子们也非常喜欢这座城市，他们对西安最强烈的印象是：西安除了保留钟楼、城墙、鼓楼等许多古建筑之外，还有一些新的古今建筑的结合让人印象深刻。比如开在古建筑中的"星巴克"和"麦当劳"，这两个他们在美国日常生活中最熟悉的品牌，如今却以完全不同的面貌出现在古都之中，让孩子们觉得十分新奇有趣。我想，在其他任何一个地方都不会看到这样看似冲突却又和谐的搭配。

　　中秋在中华文化中是团圆的象征，但由于长期生活在美国，庆祝中秋

2016年央视中秋晚会现场

2016 年 CCTV-4 中秋晚会海外获邀观众家庭合影

节在孩子们的印象中渐渐变成了普通的家庭聚餐。这次，我们一家人应邀
参加央视中秋晚会，整场晚会唯美、温馨、大气、浪漫，具有浓郁的传统
韵味和文化气氛，孩子们也通过这场晚会近距离体会到了传统节日的气
氛，体会到了什么是回家，体会到了什么叫团圆。

　　记得习近平主席曾经引述过一句古语："惟以心相交，方成其久远。"
是的，我们都是炎黄子孙，只是生长在不同地方，但心却是相连的，只有
以诚相待，才能长久地共同走下去。感谢 CCTV-4 给予我们一家人机会，
让我们身在海外的华人切身感受到了作为炎黄子孙的骄傲与自豪，并教导
下一代不要忘记自己的"根"，让中华文化能够在下一代中传承。

—— 精神家园 ——

我是中文国际频道
I am CCTV-4

CCTV-4 海外观众联谊活动纪实

与你结缘，随你同行

[美] 胡昌铭*

　　CCTV-4 在美国一开播，我就是一名海外忠实观众。25 年来，我与祖国的距离近了，情感深了，受益也多了。观看 CCTV-4 渐渐成了我生活中的一部分，写观后感也随之成为我生活中的习惯。从 2012 年 6 月 25 日起，我给 CCTV-4 写感想、评论 218 篇，并于 2015 年获邀参加了 CCTV-4

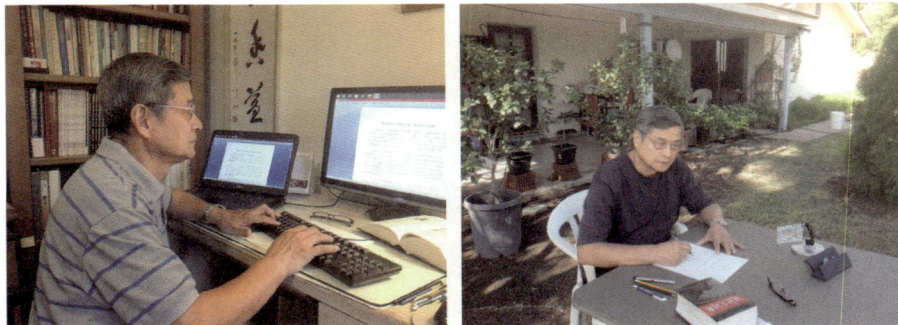

在家中写作的胡昌铭

　　* 胡昌铭，曾在中国地质大学任教，1991 年移民美国。先后为 CCTV-4 写观后感 200 多篇。2015 年 CCTV-4 海外观众联谊活动获邀观众代表。

海外观众联谊活动。

与祖国同欢喜、共悲伤

　　CCTV-4 的新闻类栏目使我有了千里眼、顺风耳，使我的情感能与祖国同胞在一起，同欢喜、共悲伤。特别是 2008 年，我记忆犹新，永生难忘……

　　2008 年北京奥运会开幕的时候，我在本地的中文报纸上有两个专栏。如何及时得到完整的奥运信息，我心中没底，正是身边的 CCTV-4 新闻节目帮了我大忙！在北京奥运会期间，我天天守在电视机旁，录下有关内容，一遍一遍地重放、记录、核对，越看越感动，创作灵感也随之而来，终于用从 CCTV-4 及时得到的奥运第一手信息，接连创作并发表了 5 篇为北京奥运讴歌的专题报道，在报纸上发表。正是因为有了 CCTV-4，我

2008 年 CCTV-4《奥运中国》特别节目演播室直播现场

胡昌铭在美国中文报纸上发表的奥运文章

才能在海外为奥运添彩，与祖国同庆！

2008 年 5 月 12 日汶川大地震，在那些以泪洗面的悲痛日子里，我们全家与电视机日夜相伴，CCTV-4 就成了我们和灾区人民心连心的渠道。汶川的灾情、救灾的场面、抗震救灾的快速部署，我们都历历在目、感同身受。那些顽强抗灾的人民，那些感人肺腑的话语，那些首次在半旗下志哀的神州儿女，我们都看在眼里，记在心头，同洒热泪。

至今，那撕心裂肺的鸣笛、亿万国民的泪水、迎风飘动的半旗还在心头颤动！我及时把这些历史的画面、感人的故事记录下来，写下了数篇有关"5·12"汶川大地震和地震知识的报道。正是因为有了 CCTV-4，相隔千山万水的我们才能与祖国天涯若比邻，才能及时感知汶川大地震、长江大洪水、舟曲泥石流灾难，才能与祖国人民一起同呼吸、共命运！

你是我创作的源泉

我曾经是一名地质工作者，对地质学情有独钟，CCTV-4 的《中国新闻》《远方的家》《走遍中国》《流行无限》《国宝档案》等栏目，经常涉及有关地震、海啸、金属矿产、油田、珠宝、矿物、化石及其收藏方面的内容，经常报道大山大川、海洋、宇宙等方面的新闻，这些都引起了我的极大兴趣。我将这些信息分门别类，整理成册，并以科普文章的形式在我开办的《天与地》专栏中发表。正是有了 CCTV-4 及时提供的可靠信息，适时给出的写作题材，我才能在异国他乡发挥专业特长。

CCTV-4 不仅是我创作的源泉，也是展现我们华人爱国爱家情怀的平台。2016 年国庆期间，来自祖国的中国歌剧舞剧院的"国之瑰宝"与当地侨界共同举办大型文艺晚会，我责无旁贷当起了"红娘"，想把当地的国庆活动搬上央视。很快，一个由摄影、报道、编辑、联络等志愿者组

《华人世界》报道美国亚利桑那州侨界举办国庆文艺晚会

成的团队成立，同时也得到了 CCTV-4《华人世界》栏目编导的大力支持。节目经过十多次修改，终于在 10 月 6 日的《华人世界》播出。一时间，看 CCTV-4 的人多了，看《华人世界》的人多了，关心 CCTV-4 的人也多了，我真切地看见了有华人的地方就有中华情，真切地感受到了 CCTV-4 在华人心中的崇高地位和巨大力量！

　　CCTV-4 这个平台触动了、回应了、满足了和深化了我们游子心中的未了情结。这个情结集中表现在热爱祖国大好山河的爱国情结、热爱中国传统的文化情结、永远的乡愁情结和国外打拼的励志情结。这就是我这么多年来，情之所动，兴之所至，有感而发的缘由所在，因而我把给 CCTV-4 写文章，看作是海外游子写给祖国母亲的"家书"！

　　回顾与 CCTV-4 因情结缘，一路相随相识的这 25 年的恩典之路、圆梦之路，我感激不尽，感慨万千！在我的心里，CCTV-4 是看世界的窗口，是对话交流的平台，是联系亲情友情的纽带，是激发中华情的桥梁，是海外游子远方温馨的家园！

我的亲人

[美] 沈济馥 *

从 1980 年移民美国之后，大约 30 年的时间里，我都是在繁忙的学习或工作中度过，那时几乎和电视无缘。直到 2010 年前后，因为工作发生变化，我开始有了较多业余时间，能和太太一起坐下来看电视，也是从那时起开始了我对中文国际频道的了解。不曾想，这一结缘便一发不可收拾。从此，CCTV-4 走进了我的生活，成为我的亲人。

走进了我的生活，成为我的亲人

大概是在 2012 年夏天，我参与了中文国际频道年度海外观众问卷调查，还为 CCTV-4 写了一篇短文。没想到后来竟然拿了一个三等奖，还收到了 CCTV-4 从北京寄来的纪念品。2013 年夏天，我到北京出差，受到观联组的邀请，参观了中央电视台复兴路办公区，原来心目中遥不可及的央视，一下子变成了面前这些亲切、热情的朋友，让我像回到家里一

* 沈济馥，1980 年移民美国，资深工程师。2013 年荣获 "CCTV 全球侨胞中国梦" 征文活动特等奖。

2017 年 CCTV-4 海外观众"回娘家"之行

沈济馥在 2013 年"CCTV 全球
侨胞中国梦"颁奖晚会上接受颁奖

样。在这以后，CCTV-4 就更成了我生活中不可或缺的部分，我只要打开电视，就是 CCTV-4。周围的好友都说，我是 CCTV-4 最忠实的观众。

后来，我参加了 2013 年"CCTV 全球侨胞中国梦"征文活动，获得特等奖，非常荣幸地受邀前往北京参加颁奖晚会的录制。通过这次活动，我加入了海外观众群，在这里结识了来自五湖四海的群友。平时不单是观看电视，我每天还会在群里与这些群友们交流互动。虽然我们大多从未谋面，但出于对 CCTV-4 的热爱，所以互相之间都觉得是这个大家庭里的亲人。群里还一年数次开展网络联欢活动，通过与前来参加的 CCTV-4 各栏目主持人互动联欢，增进了群友之间的感情。

2014 年初，我太太查出癌症晚期，很快就不幸去世。在我极度悲伤的时候，收到了 CCTV-4 观联组刘娟的来电，她对我说："您别难过，还有我们呢，我们都是您的亲人。"当时我不禁热泪盈眶。生活在海外，CCTV-4 对我而言并不是一块没有感情的屏幕，它每天陪伴着我的生活，也正是观联组这些可爱的年轻人，帮我度过了最艰难的时光。不仅如此，观众群里素未谋面的群友——来自罗马尼亚的徐倩，在群里嘱咐我在追悼会上代表这些观众送一个花圈，于是署名"CCTV-4 部分观众"的花圈就出现在了追悼会上，令我十分感动。

组织"回娘家"活动，回去看你们！

当中文国际频道 2015 年海外观众联谊活动进行时，我们观众群里产生了一个动议，要组织起来回北京探访 CCTV-4，当即就有十几个人表示愿意参与。为了集中精力准备，我们十几个人专门成立了"回娘家"群，"回娘家"的名称也是我起的。我想，这个名称准确地表达了我们把 CCTV-4 当作是自己家的心情。

目标有了，但是实现的路却不平坦。"回娘家"，当然首先要"娘家"的认可，但作为往届海外观众代表，我们不能在这样的活动上占用他们的资源，加重他们的

2017 年 CCTV-4 海外观众"回娘家"之行

负担，所以，一切事情要在费用自理的前提下计划。这样一来选择恰当时间就成了关键问题，因为虽然很多侨胞每年都有回国的计划，但时间却不好统一，为了确定"回娘家"的最佳时间，我甚至用 Excel 文件对每个成员做了调查。就这样，经过一年多的努力，我们横跨五个年度的十多位海外观众代表，终于在 2017 年 4 月下旬团聚在"娘家"了。看着大家在北京机场团聚、在酒店团聚时的激动场面，我的内心得到了最大的安慰和满足，因为这是在为我们自家人做事，"回娘家"就是我们自己的事情。

"回娘家"活动圆满成功，而就在我们筹备此活动直到结束的期间，CCTV-4 也登上国内电视频道收视率的榜首。我想，我们的活动也正是CCTV-4 成功的一个有力佐证。正是因为有了全体 CCTV-4 电视人的努力，加上无数像我们这样的忠实观众的支持，才有了今日 CCTV-4 收视率位居榜首的结果。

在网络媒体不断蚕食电视媒体收视率的今天，海外观众已经成了CCTV-4 的最宝贵的财富之一。从这个角度，我们可能还会继续组织这样的"回娘家"活动，如果哪天"娘家"还需要我为这样的活动出力，我也一定义不容辞！除此之外，我还打算在培养家庭下二代的 CCTV-4 观众方面、在组建美国当地 CCTV-4 海外观众俱乐部方面，作出我的贡献。

一路有你

辛卫东 *

我是一位来自芬兰的中文国际频道的忠实观众。2017 年是中文国际频道开播 25 周年，回望与频道的相伴往事，回想与频道的结缘经历，回忆与频道的互动过程，我心潮澎湃、思绪万千。这些年，通过 CCTV-4 我释怀了故乡思念，获得了欢笑快乐，丰富了生活知识，了解了新闻大事，熟悉了历史民俗。与她结缘的十几年，我经历了深情期盼、真实受益、热心关注、相知相随的过程。

深情结缘

回首往事，结缘中文国际频道，那一段段真情、一幕幕实景令人难忘。几年前，我参加了 CCTV-4 一年一度的"海外观众联谊活动"，完成了短文《CCTV-4：我生活的一部分》，以文字的形式表达我对频道的关注和热爱，畅抒对 CCTV-4 的满腔情怀，描述了多年来 CCTV-4 对我产

---

　　*　辛卫东，芬兰奥卢大学生物物理硕士、生物化学博士，为 CCTV-4 撰写观感、建议 10 多万字。2013 年 CCTV-4 海外观众联谊活动获邀观众代表。

生的积极的、真实的影响。

　　有一天，我接到一个意外的电话："您好，我是中文国际频道观众联络组……"听筒中传来关心、亲和的声音，当时我高兴的心情溢于言表，竟在实验室中忘情地大声用中文进行电话交流，过了好一会儿才从同事诧异的眼神中意识到自己因太激动而举止有些异样。中文国际频道与身居世界一隅的观众通话，大大拉近了彼此的距离。

　　凭借多年观看 CCTV-4 节目所积累的感受，以及对节目的真情实感，我陆续写出了《〈远方的家〉——我魂牵梦绕的地方》《〈走遍中国〉——带我遍游中国》《在外国的中国人看〈外国人在中国〉》等节目点评；提出了"以中国的（阴历）二十四节气为序编摄一档节目""《远方的家》栏目

辛卫东（左二）参加 2013 年 CCTV-4 海外观众联谊活动

《远方的家》工作照

结合内容可做一些外景记者的个人专辑介绍""《走遍中国》栏目能否增加
一些介绍现代中国的内容"等建议。由此我开始了与CCTV-4的深度互动、
相互交流，与之深情结缘。

每周有约

　　在北京参加CCTV-4海外观众联谊活动期间，我亲身感受到了央视对
海外观众的关心热爱、栏目工作人员对节目的倾心付出，以及他们积极、
负责的工作态度。我被他们向上的进取精神以及不断创新、事事力求做到
完美的人格魅力所感动，在内心多了一份认同感的同时，也平添了一份责
任感。我暗自决定要尽己所能，用"心"、以"笔"定"期"为频道书写
对节目的点评观感，提出改进建议和意见，以具体行动为CCTV-4的发
展作出一个电视媒体门外汉的贡献。

　　由于多年收看节目积累的惯性，我每周选取一个栏目，写出深情的

辛卫东在给 CCTV-4 写节目观后感

观看感受、提出具体的个人意见，逐渐形成了每个周末给 CCTV-4 发出节目反馈的规律，像是与她有个约定。我坚持不仅仅是跟着节目走，而是用"心"看节目，做到从一个观众的角度抒发收看情感、提出建设意见。通过不断努力，也收获了来自 CCTV-4 观联组的鼓励和栏目组的肯定："高水平！""有参考价值！"简短的肯定与鼓励一次次扬起了我继续前行的风帆。日常生活中的一些意外琐事也没能影响我前行的脚步，家人的理解和支持为我助力、加油、续航！

　　这些年来，对 CCTV-4 我有种发自内心的亲切与自豪感。"深情结缘""每周有约"延续至今，就是为了实现一个内心的承诺，我是中文国际频道的受益者，我要用"心"看节目；就是为了寄托一份内心的期望，我盼能为 CCTV-4 的发展壮大尽一份微薄之力；就是为了抒发一腔内心的情怀，我像为家做事，如为国尽力；就是为了践行一种爱国的实例，我在海外把 CCTV-4 看成是祖国的代表。作为远居芬兰的一名观众，我对中文国际频道一往情深，有一种无以言表的心中牵挂。我虽为未能陪伴中文国际频道 25 年而心存遗憾，但为能与之结缘相伴同行十几年而倍感自豪。人生经历，丰富多彩；海外生活，一路有你！

你是我生命中的"奥斯卡"

徐　倩[*]

CCTV-4 伴我度过 20 多年的异乡岁月。20 多年前，我因为在国内做生意失败，欠下银行和亲朋好友的钱。为找出路，我撇下女儿和先生只身一人来到罗马尼亚。在异乡，没有中国的文化氛围，举目无亲，初来乍到的 6 年里，我没有回过一次故乡，唯一支撑我的是 CCTV-4。是 CCTV-4 的日夜相伴，抚慰我苦痛、无奈、孤独的心灵，伴随我度过异乡最困苦艰难的日子。CCTV-4 是我唯一的恋人，CCTV-4 是我的精神支柱，它已经融入到我的生命里、血液中！

相知相守二十余载

2012 年初，我在电视上看到 CCTV-4 海外观众问卷调查，刚刚学打字的我，用了 8 个小时，打了 3000 多字，想要对 CCTV-4 诉说我的故事。当 CCTV-4 工作人员最终联系到我，通知我获奖时，我真的特别激动。

---

　　* 徐倩，罗马尼亚华人，受《中华医药》栏目影响，取得针灸治疗师资格并开设针灸诊室。2012 年 CCTV-4 海外观众联谊活动获邀观众代表。

徐倩（左）在 2012 年《我们一起走过》颁奖晚会现场

现在回想起那年参与海外观众颁奖晚会录制的情形，我依然激动不已，这简直是我人生的"奥斯卡奖"啊！

我一直被电视上任志宏老师磁性的声音吸引，当欢迎晚宴上终于和他坐在一起时，我激动得不知说什么好了，我们举杯共饮，浓浓的深情尽在不言中。座谈会上和《文明之旅》优雅睿智的刘芳菲、《中国文艺》亲和的孟盛楠等主持人合影留念；平日里只能从屏幕上看到的老乡吴鹏邀请我一起合唱豫剧《谁说女子不如男》；在晚会彩排现场，和最爱的主持人洪涛合唱《相亲相爱的一家人》；被邀请上台和《远方的家》栏目组的外景主持人一起互动……这一段段的回忆我无数遍回想，至今依然无比开心快乐。

通过这次活动，我认识了更多 CCTV-4 的幕后制作、编辑、摄像等工作人员，回来再看每一档节目时，我就特别留心观察片尾字幕，因为我觉得对他们有特殊的感情……

是你助我华丽转身

CCTV-4 带给我的，不仅仅是获得"奥斯卡奖"一般的惊喜，它更如奥斯卡小金人能改变一个演员的命运一样，改变了我的命运。在异乡十几年，给我生活中带来最大帮助的是《中华医药》这档传播祖国传统医药文化、关爱生命健康的好栏目。这个栏目介绍了许多健康、养生、保健的医疗知识，对我产生了很大的影响。

受《中华医药》的启发，2016 年我回国报名参加了中医科学院针灸研究所的针灸学习班。半年的时间里，我每天上午在诊室实习，下午上课，晚上做功课。学到针灸治疗的基础知识后，我回到罗马尼亚开了一个针灸治疗室。治疗成功的第一个病例是我的一个朋友，她因手术不当引起偏瘫，在接受我的治疗一段时间后，她原本不灵活的胳膊竟然可以抬起来拥抱我了！第二例是一个口歪眼斜的病人，在我的治疗下，恢复了正常。紧接着又有一位 72 岁的老人因中风偏瘫大小便失禁，坐着轮椅来治疗，一个多月之后老人竟然从轮椅上站了起来。她的儿子是当地的一个家庭医生，这件事也让他由衷感叹中国针灸的神奇魅力。

是 CCTV-4 改变了我的生活，如今亲人、朋友们都赞赏我华丽转身；是 CCTV-4 让我个人精神得到了升华，沿着习近平主席倡导的"一带一路"建设构想，

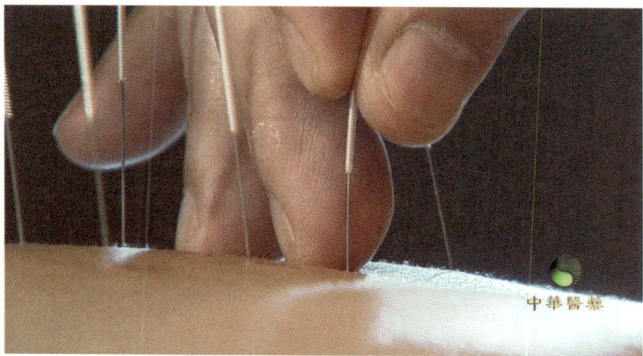

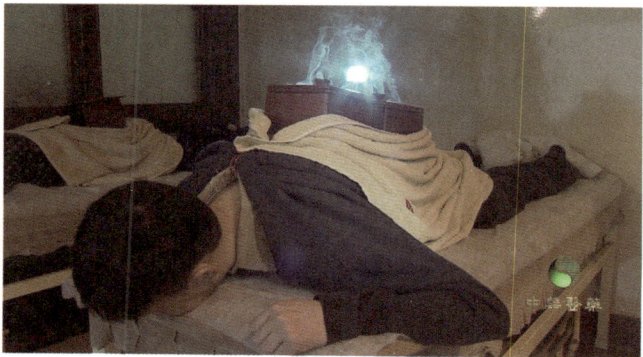

《中华医药》节目

我将继续在异乡传播博大精深的中华文化，让针灸这一绿色治疗方法走向世界！

　　我深深地爱着CCTV-4，我将追随CCTV-4直到永远！

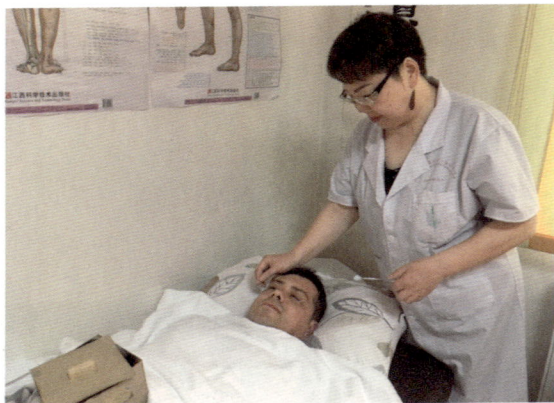

徐倩在为外国友人做针灸治疗

徐倩（左四）在诊室

"工科男"如何炼成"文学青年"

何志刚 *

　　那一天，快递员送来一个包裹，打开包裹飘出一股油墨香。定睛一看，是中央电视台寄来的印刷品《我的美丽乡愁》。一股喜悦弥漫胸腔，连忙翻书查看，拙作《飘洋过海的乡愁》赫然在目。嘴里嘀咕着："还真的出书了，真的出书了。"再看目录，这么多央视当家主持人的名字和我排在一起，不禁感叹道："一位'工科男'怎么就在不经意间踏进'文学青年'行列呢？"细细一想，还是有迹可寻的，这和中文国际频道有莫大关系。

何志刚在 CCTV-4 海外观众座谈会上发言

---

　　*　何志刚，2002 年移居意大利，在 CCTV-4 的熏陶下成为业余诗人。2015 年 CCTV-4 海外观众联谊活动获邀观众代表。

乡音难忘，最是那一次与她的"不期而遇"

想当年，21世纪伊始，在温州出国淘金浪潮之下，我随波逐流来到异国他乡——意大利。刚刚漂泊到异地，人生地不熟，语言又不通，有种与世隔绝的感觉。工作辛苦、赚钱不多倒没什么，可是没有文化交流、精神匮乏的漫漫长夜才真是枯燥得令人发疯。直到那一天，突如其来的惊喜打破了那令人窒息的日子。

2004年的某一天，碰到一位好顾客，成了一笔生意，心情很好，于是晚餐就到一家中餐馆犒劳自己。刚坐下就听到电视里传来普通话的声音，惊喜又好奇地转过身去看，哇！竟然是CCTV-4在播新闻！就这样，身在异国他乡的我在这里与中文国际频道不期而遇。没有惊艳的开场，没有华丽的告白，"她"就这样醉入眼眸，一字一句，温润入心。我才知道原来CCTV-4一直就在身边，在那天不经意的拐角，无意中闯入我的心扉。

与"她"的约会从此开始，每星期至少一次。喝着啤酒，看CCTV-4，沉迷在乡音中，直到醉意朦胧。2005年底搬到新家，第一件事就是去买卫星接收器和电视机，运回家就爬上屋顶自己安装。当电视中播音员熟悉的声音传来，我与家人兴奋地举杯欢庆，从此便开始了与CCTV-4日夜厮守的日子。早上一睁眼首先是打开电视，下班回家推门进屋也是打开电视，直到深夜入睡。在我的家里和在中国无异，吃中餐、看中国新闻、说温州话。

开启向"文学青年"转型的征途

因为日夜相伴，我对 CCTV-4 的所有栏目和播出时间了如指掌。不光看电视，我还边看边记录，成了一名速记员，就这样断断续续竟也写了好几本练习簿。直到 2010 年下半年，有了手提电脑无线上网卡之后，我开始通过网络的方式与 CCTV-4 互动。我在央视网上开设了个人主页，并开始尝试着给一些栏目写评论。从那时起，开启了我由"工科男"向"文学青年"转型的征途。

何志刚在家写作

我的专业是电子自动化，一直从事计量工作，后来经商，这些经历都和文字没什么关系。现在我能写点东西，国内的朋友们起初还都不相信呢！其实这一切都源于 CCTV-4 这所"大学"，栏目几乎涉及所有领域，对我来说就像是百科全书一样，可以让我从中疯狂地汲取营养。

在这些栏目中，《中国新闻》《今日关注》对我的社会价值观影响最大；而《文明之旅》《快乐汉语》《中国文艺》和《中华情》等栏目对我文学水平的提高帮助最大。边看、边学习、边写评论，在这所大学的滋润下，我的写作能力飞速提高，在多个互动平台中也留下了越来越多的痕迹。写出来的文章有人看，更激发了我创作的热情。

后来，在《远方的家》《走遍中国》《记住乡愁》等充满浓郁诗情画意氛围的栏目的影响下，我又对诗歌产生了浓厚的兴趣。在众多良师益友的

大型纪录片

记住乡愁

提携帮助下，我走上了诗歌创作的道路，短短两年多就写下近两百首诗歌。在《记住乡愁》出版图书的征文活动中，拙作三首短诗入选，于是就出现了文章开头的一幕。

CCTV-4对我的意义重大，她改变了我的人生轨迹。在这座百科大学般的熔炉中，我从"工科男"蜕变成"文学青年"，过去，我做梦也想不到有一天会有人称呼我为"诗人"！写到这里，不禁感慨万千，在这段不经意的时间里，无须铺垫、不加修饰、笃定不移、简单干脆，CCTV-4成了我的良师益友、终身伴侣。

《走遍中国》节目

中文国际频道与我

[英] 赵敬平 *

中文国际频道开播已经整整 25 年了。自从中文国际频道在欧洲播出以来，一幅幅五彩缤纷的视频画面，一句句娓娓动听的乡音，一条条准确快捷的新闻报道，一个个丰富博学的文化传承专栏，给在异国他乡侨居的游子们带来说不尽的快乐，陪伴我们度过无数难眠的思乡之夜。"传乡音，桥架四海炎黄游子；送温暖，情系五洲万户千家"，正是我对中文国际频道的评价。

与你同行

在我侨居英国的几十个春秋之中，我深深感受到了侨居国民众对中国认知态度的大幅度转变。从对中国了解甚少，到开始主动向我了解中国的风土人情、传统文化、旅游资讯，有些人还向我学习中文，委托我购买学习中文的图书资料，这其中有不少是企业的高管。我见证了中文国际频道

＊　赵敬平，曾在长春、北京等地学习和工作，1990 年获英国曼彻斯特大学博士学位。2011 年 CCTV-4 海外观众联谊活动获邀观众代表。

在推动海外观众了解中国的过程中发挥的巨大作用。

20多年前，为了能获取关于中国发展的准确资讯，纠正在朋友、同事圈中某些因西方媒体扭曲报道而形成的对中国不正确的认知，我安装了当时几乎最好的卫星电视接收设备，把一些优秀的节目录制下来推介给周围的朋友，还"指导"周围的同事、朋友购置安装必要的设备来收看中文国际频道，让他们了解一个发展、进步中的真实的中国。每逢重要节日和纪念日我还会邀请一些朋友一同收看中文国际频道。在那个资讯还不是很发达的年代，中文国际频道许多高质量的节目不仅给海外游子带来了许许多多的欢乐，还是海外观众了解家乡变化非常重要的渠道。央视中文国际频道是海外游子们在异国他乡生活中的"伴侣"，是连接海外游子与故乡的一座彩虹桥。

英国伦敦海外观众座谈会暨海外观众俱乐部揭牌仪式现场

我与中文国际频道是通过电子邮件结缘的。我定期向中文国际频道反馈周围观众对节目的观感、建议。在与中文国际频道电子邮件往来的过程中，我与中文国际频道的工作人员对栏目的主题、内容、表现形式进行畅所欲言的交流，和很多人成了素未谋面的朋友。

中央电视台分党组副书记、副台长魏地春（左）为赵敬平颁发获奖证书

2011年中文国际频道组织了"有你同行"海外观众联谊活动，我有幸受邀来到北京参与了颁奖晚会，并通过这次活动结识了许多从未谋面的朋友，与中文国际频道的领导、主持人、栏目负责人、栏目编导面对面地交流，讨论对节目的观感与建议。这次经历真的让我一生难忘。

赵敬平（右二）在2011年CCTV-4海外忠实观众颁奖晚会现场

情系五洲万户千家

2011年，我借回北京之便，将一份书面建议转交给中文国际频道。

不曾想，我的建议得到了中文国际频道的重视，观众联络组的工作人员约我见面，亲自向我征求海外观众对栏目的意见和建议。中文国际频道对观众建议的重视程度，以及精益求精的"工匠"精神令我感动，让我敬佩。

2013年7月，观众联络组获知我在北京出差，再一次约见了我。我们又一次相聚央视，中文国际频道的领导认真听取了我关于一些英国观众在选题、内容、表现形式方面对节目的意见和建议，仔细询问了建议提及的议题的具体细节。中文国际频道这种主动与观众交朋友的热情与诚挚，多方征求观众意见和建议的诚恳态度让我深深感动。

多年来，无数的海外观众与中文国际频道观众联络组成了挚友。正是这种友谊，把全世界众多素未谋面的观众联系在一起，组建了观众交流的平台。如今新媒体发展迅速，我们可以用更便捷的方式一起推介新节目，敞开心扉讨论对节目的观感，坦诚如实对节目提意见和建议。

《中华情》节目

在我看来，中文国际频道《远方的家》《中华情》《今日关注》《中国文艺》《深度国际》等许多栏目深受海外观众喜爱，其中原因之一，就是源于中文国际频道所建立的栏目组与观众沟通的有效机制，能让栏目组及时了解广大观众对节目的需求，使得节目创作更接地气，贴近百姓。

我与中文国际频道因喜爱而结缘，与中文国际频道的许多朋友因交流而成为挚友，看中文国际频道是我日常生活的重要部分，与中文国际频道每次相聚时一幕幕感人的场面都让我终生难忘。中文国际频道情系海外观众，把海外观众当作亲朋挚友，海外观众则把中文国际频道当作自己"远方的家"。

是你给我的工作插上腾飞的翅膀

杜文彬 *

我是 2013 年与 CCTV-4 结缘的。那年入夏，CCTV-4 开展"CCTV 全球侨胞中国梦"征文活动。在我看来，"中国梦"是强国梦，是由我们每一个中国人的梦想共同构筑的，与我们的生活息息相关，所以我以自己 17 年来在西班牙搜救中国古籍的工作为主题，写了一篇短文发了出去，很快便收到了活动组的回复。更令我意外的是，编导提出的问题是那么认真、专业与到位，有些是直触我的心灵，使我有遇到知音，要向其倾诉的冲动。而这件事情也让我找到了内心的寄托，让我的工作得到了认可，为我枯燥的工作插上了腾飞的翅膀。

古路无行客

1996 年 3 月，正是桃花盛开的时节，我在西班牙国家图书馆第一次发现了收藏在那里的中国古籍。惊喜之余，出于我古典文献专业与图书馆

---

* 杜文彬，1996 年定居西班牙马德里，从事中国古籍的搜救、汉语教学与传播中华文化的工作。2013 年荣获"CCTV 全球侨胞中国梦"征文活动一等奖。

学专业的专业本能，加之多年在图书馆工作的经验，我马上意识到这些中国古籍的价值与意义。我当即决定，要将这些在几百年前漂洋过海，现已落户于西班牙、沉睡了几百年的中国古籍记录下来，使这些中华文化的宝贵遗产能魂归故里，让更多的人受益。

杜文彬在西班牙图书馆内搜集古籍

但是，在异国他乡的土地上，对这些古籍进行搜集、整理、研究、著录、拍照、编目，又谈何容易！西班牙对中国古籍的收藏，有400多年的历史。400多年来，从未有人将收藏于西班牙各个地区、各种不同类型图书馆的中文书籍整理、著录过，也没有一本对此有相关记载或可供参考借鉴的汉文书籍。就连收藏有中文书的图书馆，对于自己有多少中文书、有怎样的中文书，也是不清楚的。这是一片原始森林，是一片从未开垦过的处女地。在如此长的时间跨度与如此广阔的空间领域，去搜集中国古籍，无异于在大海里捞针。

十多年间，我走访了西班牙很多地区、不同类型的图书馆，有时是千里迢迢、风尘仆仆、兴致勃勃而去，但捧到我面前的却是一本日文书或韩文书，只能失望而归。

寒山独见君

由于我所从事这项工作的特殊性，有些人对我这既费时又费力，却不见成效的工作产生不解，因此我常常不愿过多地谈到这项工作。17 年来，我早已习惯了一个人默默地忍受与承担。我像一只在地上爬行的蜗牛，无声无息，慢慢蠕动。遇到困难挫折需要坚持时，我只能咬紧牙关，咬碎牙往肚里咽；遇到不能成眠的痛苦，我只能将泪水往心里流。

2013 年夏末，我撰写的征文《十七年一个梦》在 CCTV-4 播出后，我的工作得到了越来越多的人的理解、鼓励与支持，也得到了社会的认可。2013 年 11 月底，我受邀到北京参加"CCTV 全球侨胞中国梦"征文

杜文彬（左二）在 2013 年"CCTV 全球侨胞中国梦"颁奖晚会现场接受采访

活动颁奖晚会。在 CCTV-4 我见
到了这次活动的负责人和编导老
师，在交谈中她们对我工作的理
解与尊重深深触动了我的心灵，
我像是一个漂泊了 17 年的孤儿，
终于找到了知音，找到了家！在
颁奖晚会的演播现场，我接受了
著名主持人鲁健的采访，现场还
播放了一段介绍我的工作的短片。
晚会结束时，有两个 20 岁出头

杜文彬在 CCTV-4 海外观众座谈会上发言

的小伙子，先后走过来，恭敬地对我说："老师，我崇敬您，我要向您学
习！"听到年轻人这真挚的话语，我的泪水再也忍不住，夺眶而出。一位
远在深圳、50 余年未有联络的小学同学，看了短片后，托人辗转带来了
鼓励的话语。我还在 CCTV-4 的观众群里结识了来自世界各国的朋友们，
并得到很多人的鼓励，这是 17 年来我未曾感受过的温暖与温馨，使我增
添了信心与力量。

2015 年底，《西班牙藏中国古籍书录》一书由中国国家图书馆出版社出版。
2016 年，在全国优秀古籍书的评选中荣获了二等奖。在得到这些信息后，我
首先想到的是，要把这本书亲手献给 CCTV-4 的亲人们。2017 年 4 月，我同
来自世界各地的 CCTV-4 的十几位观众代表，不远万里，专程来到北京，实
现了这个心愿。"人生贵知音"，CCTV-4 是我的知音，我珍惜这份情谊。值
此 CCTV-4 成立 25 周年之际，我写下这副楹联以表达我的心意：

"廿五年创新路，忆国事记乡愁，华人世界华人谱，中华情传遍五洲
四海；数万里架宏侨，聚民心讲传统，寰宇侨胞寰宇评，舆论场联通万户
千家。"

共同走过的日子

王书斌 *

记得 2002 年我只身一人来到英国的时候，无论走到哪里都只能看到英文，和家人朋友联系只能靠电话和邮箱，学校虽然能上网但是每人每天只能上半个小时。这种情况下，要看中文电视就更是根本不敢奢望的事情。到英国 3 个月的时候，是我最难熬的时候，当时我特别想家，交流困难、生活上的不适应和学习上的压力让我喘不过气来，情绪低落至极。一个偶然的机会，在朋友那里看到了 CCTV-4，当看到电视的那一瞬间，我居然有激动到想哭的感觉！当我怀着那份乡愁，听到了那熟悉的乡音的一刻，我真觉得我好像回家了！从那时起，CCTV-4 就成了我生活中的一部分。

在这里我收获了五湖四海的友谊

2013 年，我幸运地成为年度 CCTV-4 海外观众代表，从那时起，我

---

　　* 　王书斌，旅居英国 15 年，从事儿童教育工作，为利物浦 Selwyn 双语幼儿园创办人。2013 年 CCTV-4 海外观众联谊活动获邀观众代表。

便更加关注 CCTV-4 的节目了，我的生活也从此有了许多改变。

在北京的几天里，有机会近距离接触 CCTV-4 观联组的朋友和来自其他国家的忠实观众，大家相处得非常好，于是我们都互相加了微信。回到英国之后，我又陆续从海外观众群里认识了很多其他朋友。虽然好多都素未谋面，但却相处得非常好，原因就是我们都有一个共同爱好，那就是看我们 CCTV-4 的节目！

王书斌（右二）在 2013 年 CCTV-4 海外观众颁奖晚会现场

我们的话题总是围绕着节目和各类主题而展开，有对军事、政治、两岸统一话题的各种看法，有对灾难中受难者的哀悼和祈祷，有在佳节时分对家乡和远方亲人的思念，也有个人业余爱好的抒发和展示等。总之，国事、家事、天下事，无所不谈。

随着时间的推移，大家开始互相关心、互相帮助，甚至还定期唱歌联

2017 年 CCTV-4 海外观众"回娘家"之行

欢！有一位 2013 年认识的美国观众，到现在仍坚持在微信里给我唱歌，还因为工作上有些共通之处而教会了我很多工作小窍门。有这么多朋友关心我的生活、学习和工作，我感觉特别温暖。

大概是从两年前开始，群里很多人都说他们非常怀念与 CCTV-4 相聚的日子，于是启动了"回娘家"的计划。经过精心准备，在观联组各位老师的支持与配合下终于在 2017 年 4 月达成了心愿，回到了北京，见到了观联组的老朋友们！

在这一行人中，我是最年轻的一员，大家知道我几周前腰部受伤，于是对我特别关心和照顾，让我觉得很幸福。虽然多年在外的我早已习惯了独立和坚强，但当我面对这份大家庭的温暖时，我真的很感动，有人关心和照顾的感觉真好！

成为一名海外报道员，力所能及做点事

在"回娘家"座谈会之后，我有幸与《华人世界》栏目的负责人孙老师见了面，并把我的一些想法告诉了他。他对工作非常认真，将我提供的信息用他专业和独特的眼光给予分析，并解释给我听。这个栏目对海外华人信息的关注让我觉得很安慰，有这样的好栏目来报道海外华人的真实生

活和经历真是太好了。

自从那次见面之后，我就自愿成为 CCTV-4 的一名海外报道员，虽然不够专业，但我还是尽心尽力地关注着英国华人的生活。现在我在英国开办了一个名为"家在英国"的微信公众平台和两个"家在英国"华人微信群，在这个群里我们关注的是华人生活和华人子女教育方面的问题。有很多华人来找我咨询法律、教育、生活等方面的问题，我的工作也得到了很多当地华人的认可。最近英国的几个大事件中，"家在英国"也派上了用场，让我在第一时间了解华人所关注的热点，并将这些华人信息第一时间提供给了《华人世界》栏目。

王书斌在 CCTV-4 海外观众座谈会上发言

我希望以后能有更多的中青年人加入到 CCTV-4 忠实观众的行列中来，我们共同来把这张以祖国为中心、CCTV-4 为"控制中心"的联络网铺得更大更广，连接到世界各处的每一个角落去。让更多的年轻人用新媒体的方式宣传 CCTV-4，扩大、提升 CCTV-4 的影响力，积极为 CCTV-4 作出我们的贡献。

虽然刚离开北京不久，但我已经开始想念大家了！期待早日再相聚！

观众俱乐部筑起我们共同的"梦"

[澳] *潘志远*[*]

"通过中文国际频道，就把我和你、把我和中文国际频道、把我和祖国紧紧地联系在一起！"这是五年前，CCTV-4 开播 20 周年暨海外忠实观众颁奖晚会《我们一起走过》特别节目中，徐俐老师对我的一段采访，它真切地表达了我对 CCTV-4 和对祖国的真情实感。从一名普通观众，到海外观众联谊活动的参与者，再到 CCTV-4 首批海外观众俱乐部的筹办者，我见证了 CCTV-4 海外观众俱乐部从无到有，到如今遍地开花的景象。是 CCTV-4 引领我进入了人生的新境界，同时 CCTV-4 又是我人生取之不尽的精神宝库，如人生旅途沙漠中的精神家园，让枯木又逢春！

学蜘蛛，编织一张"海外观众互联网"

回想 2012 年 11 月，我来到北京参加 CCTV-4 开播 20 周年暨海外忠实观众颁奖晚会《我们一起走过》特别节目的录制。晚会结束后，在去参

---

* 潘志远，澳大利亚新金山中文学校和新金山中文图书馆员工。2012 年 CCTV-4 海外观众联谊活动获邀观众代表。

观北京四合院的三轮车上，观联组刘娟老师和我谈了想在海外成立观众俱乐部的构想。我们一路畅谈，对于构建海外观众俱乐部的想法我也十分赞同，希望能为这件事出一份力。活动结束之后我返回墨尔本，特别召开了一场 CCTV-4 的推介会，分享此次参加《我们一起走过》晚会的激动与喜悦。

2013 年 6 月 25 日，CCTV-4 代表团来到了墨尔本观众俱乐部成立的会场。现场热流涌动，暖意融融。杨奉涛团长和任志宏老师的精彩发言、刘娟老师大气和极具亲和力的主持，至今还浮现眼前，记忆犹新！

潘志远（左一）在 2012 年《我们一起走过》颁奖晚会现场

代表团能来一趟墨尔本不容易，但他们并没有选择去观赏墨尔本的风景，而是在墨尔本留下了"走亲访友"、探访观众的繁忙足迹。任志宏老师除了与观众亲切交谈外，边走边录音，甚至凌晨还在工作。他们的敬业精神深深感动了俱乐部的所有成员。

海外观众俱乐部在墨尔本落户之后，立即在当地形成了一股收视热。之后每逢重大新闻播出，我们都会组织俱乐部成员集中收看。2015 年 9 月 3 日，好多观众一大早就来到俱乐部，观看 CCTV-4 直播的"纪念中国人民抗日战争暨世界反法西斯战争胜利 70 周年"特别节目。这些观众中有不少是抗日英烈、八路军和新四军的后代。河南鲁雨亭烈士的外孙女

CCTV-4澳大利亚墨尔本观众俱乐部组织观看"中国人民抗日战争暨世界反法西斯战争胜利70周年阅兵式"活动

林旭文女士讲述"三坊七巷"的风雨变迁

翟鲁博士说："强大的祖国，是捍卫和平的基石。这场阅兵式碧血丹心，昭示后人！"经历过贫穷和被外族欺凌的83岁的盛明女士说道："没想到离开祖国这么多年，我的祖国变得这么强大。一激动，一高兴，就情不自禁地流出了眼泪。"

有时在节目播出后，我们还会在当地请相关人员续讲节目中的"中国好故事"。比如《国宝档案》播了"三坊七巷"，俱乐部便请来出生在"三坊七巷"的林旭文女士，请她讲一讲她和"三坊七巷"的故事，让《国宝档案》更深入人心。

俱乐部每月的活动信息和俱乐部活动的报道，在墨尔本多家媒体均有刊登。除此之外，在各种不同的场合我都会见缝插针地宣传CCTV-4。俱乐部也着重发展、培养骨干力量，让每一名忠实观众，都自觉成为CCTV-4的推介员，像蜘蛛一样不停息地编织这张观众网……

她时时在我心中，鼓舞着我

漫漫人生路，天涯遇知己。异国他乡，有幸结缘 CCTV-4，让我感到充实而满足。她引领我进入人生的新境界，汲取了知识，提升了能力；收获了一份从容，一种潇洒；如阳光雨露，涓涓细流，涵养一生。她所传递的精神时时鼓舞着我，冰坡上滑下，站起；马上摔下，再上；过峭壁，越激流，大江南北，四海五洲……

如今，CCTV-4 墨尔本观众俱乐部已运行四年，世界各地的海外观众俱乐部也遍地开花……四年的运行中我们所收获的点点滴滴，证明了

CCTV-4 澳大利亚墨尔本观众俱乐部成立仪式现场

CCTV-4 在海外组建观众俱乐部这一战略决策正确而有必要！ CCTV-4 以创新的理念、战略的眼光，搭建与海外观众的心桥，如当年杨奉涛主任在墨尔本观众俱乐部作主旨发言时所说："通过俱乐部这个平台，既更方便联系海外观众，也逐步扩大了 CCTV-4 收视群体，电视节目将办得更好，更接地气……"

天涯路上有幸与 CCTV-4 相遇、相知和相伴，使我的生命充满了生机。感恩 CCTV-4，让更多的人能分享她的恩泽，并在分享中彰显自己的人生价值，实现自己美好的愿望和梦想，这简直是今生莫大的幸福！今天，国家"一带一路"建设构想的实施，又为海外观众俱乐部提供了新的更广阔的活动空间。未来，我和你一起编织我们共同的梦！

新时代新潮流——让我们从"新"看电视

孙　　玮[*]

　　每当我打开记忆的闸门，一个个关于 CCTV-4 的故事，一位位主持人、记者的容貌就会浮现在我眼前，让我获得穿越时空的感动和领悟。熟悉的故人、难忘的故事，都让我关于 CCTV-4 的记忆，历久弥新。十几

孙玮携带《远方的家》栏目组赠送的旗帜行走青山绿水间

孙玮参与 CCTV-4 互动收到的各种纪念品

　　* 孙玮，百度贴吧"CCTV-4 吧""远方的家吧"等系列贴吧吧主，百度百科核心作者。2015 年 CCTV-4 观众联谊活动受邀国内观众代表。

年来不断追寻着 CCTV-4 的脚步，我早已养成了"有大事看四套"的习惯。CCTV-4 已经成为我生活中密不可分的一部分！

与电视恋爱

　　我一直喜好人文历史，热爱旅行，和 CCTV-4 有一种天然的亲近感。CCTV-4 的许多节目如《远方的家》《国宝档案》《中国舆论场》等都深深地吸引着我，激发了我对节目狂热的追逐。关于 CCTV-4 的一切我都想要知道，各位主持人、记者、编导们的微博都是我的"特别关注"，以便第一时间掌握栏目组的最新动态。为了赶上节目首播，下了班我就一路狂奔回家，还常常推掉各种应酬，甚至有一次为了收看节目，不顾高烧 39 度正在医院打点滴，拔掉针头打车飞奔回家。

　　为了热爱的节目，我会利用各种合适的时机向周围的人宣传介绍，也会和朋友争得面红耳赤。为了表达对节目的喜爱，我利用业余时间自费学习了

《国宝档案》节目

《远方的家》栏目组根据孙玮提供的线索走访伊朗热心观众

图像处理和视频编辑制作,原创了许多关于节目的各类图片和动画视频发表在报纸、网络媒体上。在收看节目的同时,我坚持写下了逾20万字的观感:"多一份理解,少一份争斗;多一些宽容,少一些戾气;多一点内心的宁静致远,少一点外在的功名利禄!"这就是我看了这么多年节目的真实感悟。

此外,我还积极为栏目组提供拍摄线索。2016年《远方的家·一带一路》节目组在海外拍摄期间,采用了我所提供的拍摄线索。2017年5月节目播出时,我非常高兴,很有成就感!这种发自内心的对于CCTV-4节目的喜爱之情,犹如是在和美女恋爱,初次邂逅便惊为天人,于是开始了疯狂的追逐,常常是"衣带渐宽终不悔,为伊消得人憔悴"。个中滋味虽然辛苦,但美妙而甜蜜。

从"新"看电视

在当今网络化的时代,新媒体迅猛发展,作为"80后",我深切地感受到许多同龄人逐渐远离了电视,疏离了中华传统文化,这种现象让我这个电视的忠实观众感到很心痛。出于这份对于CCTV-4浓烈的爱,我和一群同样是 CCTV-4 忠实观众的小伙伴们组成小组，开始利用网络新媒体的平台宣传和推介 CCTV-4。

"百度百科"是网友们普遍使用的信息查阅工具，我们在这里编写着有关 CCTV-4 的百科词条。每当节目有新的变化，就及时创建、更新、完善词条，同时还会将整理好的节目列表上传到"百度百科"，方便网友们完整地了解 CCTV-4 的节目。

孙玮在管理百度贴吧

在全球最大的中文互动社区"百度贴吧"以及微博、微信、QQ 上，我创建并管理着如"CCTV-4""中国舆论场""国家记忆""远方的家"等系列贴吧以及各种交流群，旨在方便网友宣传、交流 CCTV-4 的节目。在这些多样化的交流平台上，我们不仅发布节目预告和摄制组的最新动态，还会定期收集、整理观众的意见反馈给栏目组，为节目的发展献计献策；我们会很耐心地和网友们交流，让大家更加了解节目拍摄和制作的幕后故事，杜绝各类负面信息，并引导大家的交流向着绿色和谐的方向发展。

除此之外，我们还积极配合、协助栏目组在新媒体上开展多种观众互动活动，调动大家积极收看节目、踊跃参与节目互动的热情，提升栏目组在观众心中的影响力。经过这几年的不懈努力，我们创建管理的系列贴吧和各类交流群在观众中越来越具有影响力和吸引力，目前注册会员超过两万人，每天固定访问量达数千人次。我们期待让更多的网友了解、熟悉、喜欢 CCTV-4，并从中汲取到对自身发展成长有益的营养。

时光缓缓流逝，关于 CCTV-4 的故事温暖着一批又一批忠实观众的心。那些美好的记忆，那些似水的流年！过去的那些辉煌，如今依然在延续，正在发生的故事里，或许没有了我们熟悉的面容，但前行的脚步不会停止，温暖的故事依然在上演。未来，我们会共同演绎更美好的故事，让我们携手共创光辉明天！祝中文国际频道越办越好，让世界听见中国的声音，爱上中国的文化！

后　记

　　25 年来，中央电视台中文国际频道（CCTV-4）与时代同命运、与祖国共成长，讲中国故事，传播中国声音；与一路陪伴的朋友风雨同舟，砥砺前行。本书，既为中文国际频道成立 25 周年而作，也为一路陪伴 CCTV-4 成长的节目嘉宾和海内外观众而作。

　　作为中国电视对外传播的主要平台，25 年来 CCTV-4 经历了数次创新改版。在机遇和挑战中，CCTV-4 以坚守"新闻＋文化"定位为根基，以传承中华文明、服务全球华人为己任，在漫漫成长的过程中不断探索，在发展过程中经历了一个又一个里程碑。

　　25 年来，CCTV-4 作为传播中华文化的领航者，与海内外观众结下深厚情谊。它已经超越了大众媒体和观众的普通情感，而成为很多观众尤其是海外华人的一种生命情愫、精神寄托。

　　本书既承载着 CCTV-4 知名嘉宾、优秀主持人、业务团队 25 年来对于频道的深深感念，也囊括了 25 年来来自世界五大洲的海内外观众对于 CCTV-4 的炽热之情。他们用自己独特的视角，记录与 CCTV-4 的点滴往事；他们用真挚的语言，见证着中国改革开放新变化，见证着中国综合国力和国际地位的显著提升，见证着中央电视台作为国家媒体国际影响力的不断增强！

　　本书从前期筹划到汇编成册，历时近一年时间。中央电视台分党组副书记、副台长魏地春在百忙之中欣然作序，频道总监李欣雁将自己对频道的感情倾注到本书前言中，频道其他领导也给予了无微不至的关心和支持。项目组精选文章，并经数轮修改完善，最终定稿。全书编写的过程也是我们不断学习和提高的过程。几乎每一个嘉宾和观众的来稿，都经反复打磨修改；书中涉及 20 个栏目和 3 个大型活动，所有参与人员都给予了最大的支持。同时，人民出版社有关领导、责任编辑和设计印制部门同志高度重视，精益求精，力求打造一部精品纪念文集。书中使用了大量的图片，力求真实详尽地记录 CCTV-4 发展 25 年的点点滴滴，呈现中国电视对外传播发展的时代印记。

感谢 25 年来与 CCTV-4 朝夕相伴的电视人，感谢 25 年来给予 CCTV-4 鼎力相助的各界人士，感谢 25 年来对 CCTV-4 始终热爱的海内外观众！正是你们的真情、真心、真意，才让 CCTV-4 有源源不断的发展动力。

当前，中国特色社会主义进入新时代，中华民族迎来实现伟大复兴的光明前景。在新的征程中，CCTV-4 将以更加创新的思维带给广大海内外观众更加精彩的节目，为海内外观众打造更为温馨的精神家园。

时光虽易逝，真情永长存！

责任编辑：钟金铃　郭彦辰
版式设计：汪　莹
封面设计：石笑梦
责任校对：吴容华

图书在版编目（CIP）数据

传承中华文明　服务全球华人：CCTV-4 成立 25 周年纪念文集 / 中央电视台
　中文国际频道 编 .—北京：人民出版社，2017.12
ISBN 978－7－01－018701－3

I.①传…　II.①中…　III.①中央电视台－电视事业－中国－纪念文集
　IV.① G229.24-53

中国版本图书馆 CIP 数据核字（2017）第 311731 号

传承中华文明　服务全球华人
CHUANCHENG ZHONGHUA WENMING FUWU QUANQIU HUAREN
——CCTV-4 成立 25 周年纪念文集

中央电视台中文国际频道　编

人民出版社 出版发行
（100706　北京市东城区隆福寺街 99 号）

北京盛通印刷股份有限公司印刷　新华书店经销

2017 年 12 月第 1 版　2017 年 12 月北京第 1 次印刷
开本：710 毫米 ×1000 毫米 1/16　印张：20.75
字数：250 千字

ISBN 978－7－01－018701－3　定价：69.00 元

邮购地址 100706　北京市东城区隆福寺街 99 号
人民东方图书销售中心　电话（010）65250042　65289539
版权所有·侵权必究
凡购买本社图书，如有印制质量问题，我社负责调换。
服务电话：（010）65250042